위대한 엄마들에 대한 이야기

위대한 엄마들에 대한 이야기

MIT 최순원 교수와 그의 어머니가 전하는
평범함 속에서 비범함 길러내기

전광희 지음

추천사

사람은 누구나 꿈을 가지고 있지만 그 꿈을 노력해 이루어내는 사람은 드뭅니다. 그러나 꿈은 목표를 갖게 하고, 현실에 새로운 자극을 주며, 미래를 향한 희망이 됩니다. 특히 아직 성인이 되지 않은 청소년들에게 꿈은 그 무엇보다 아름다운 미래의 목표입니다.

꿈은 미래에 하고자 하는 일입니다. 그렇기에 꿈은 자신이 잘하는 일, 좋아하는 일을 바탕으로 현재의 노력을 통해 이루어가는 것입니다. 그런데 언제부터인가 우리의 청소년들에게 꿈은 단지 미래의 직업으로, 경제적 지위로만 이해되고 있습니다. 모두가 의대를 희망하는 것이 사회적 이슈가 되는 현상이 이를 증명하고 있습니다.

손쉽게 의대를 갈 수 있었던 한 학생이 자신이 꿈꾸는 미래를 위해 험난한 학문의 길로 스스로 걸어 들어갔습니다. 그리고 마침내 세계가 주목하는 물리학자의 삶을 살고 있습니다. 결과만 보면 누구나 그 길이 옳았다고 쉽게 말할 수 있습니다. 하지만 그 과정은 분명 고뇌와 갈등 속에서 이루어진 노력의 길이었습니다.

재수라는 제도가 거의 존재하지 않는 미국 대학 입시에서의 실패, 한국 국적을 유지하기 위해 겪어야 했던 어려움, 그럼에도 한국인의 정체성을 지키기 위한 입대의 선택까지. 분명 세계적 물리학자의 현재를 설명하기에 그 모든 과정이 지난한 노력이었습니다. 그래서 저는 MIT 최순원 교수님이 더 자랑스럽고 대한민국의 소중한 자랑이라고 생각합니다.

한 명의 소중한 인재가 세상에 나올 때까지 그를 만들어내는 또 다른 헌신의 존재가 있습니다. 많은 경우 그것은 엄마입니다. 하지만 진짜 위대한 엄마들은 무조건적 헌신과 희생이 아닌, 자녀의 있는 그대로의 모습을 존중하며 성장시키는 가장 친한 친구이자 동반자입니다. '자녀에 대한 자기 객관화'라는 매우 어려운 길을 걸어간 엄마만이 이런 역할을 할 수 있습니다. 보이지 않는 강한 빛을 통해 자녀는 스스로 자신의 길을 개척하고 미래를 자신의 것으로 만들어 갑니다.

그렇기에 밀러 펠로우 장학금 수상자, 현재 가장 주목받는 한국의 양자 물리학자, MIT 교수로 평가받는 최순원 교수를 비추어준 엄마에 대한 이야기를 들어보아야 할 때라 생각합니다. 모두가 의사를 바랄 때, 모두가 자녀와 평범하게 함께 사는 삶을 꿈꿀 때, 어떻게 자식이 가고자 하는 길을 열어줄 수 있었는지. 최순원 교수를 키워낸 전광희 엄마의 이야기는 청소년의 꿈이 획일화되어 가는 오늘날의 대한민국 교육 현실에서 가장 필요한 이야기라 생각합니다.

사단법인 이어짐 대표 김홍중

프롤로그

교사 시절 저는 수업 시간이 되어 교실에 들어가 수업하는 매순간이 너무 행복했습니다. 과학 교사로서 자연현상의 이치를 설명하고 학생들이 자신과 세상을 더 깊이 이해하도록 돕는 것은 제게 정말 값진 경험이었습니다. 학생들의 눈빛에서 호기심이 피어나고 지식의 씨앗이 자라나는 모습을 지켜보며 교육자로서의 사명감이 무엇인지 배울 수 있었습니다.

그 열정 가득한 시기에, 하늘의 축복과도 같이 둘째 아이가 제 뱃속에서 자라고 있었습니다. 칠판에 열심히 판서하며 수업을 이어가는 중에도, 때때로 배에서 전해오는 작은 움직임에 미소 짓곤 했습니다. 그럴 때면 잠시 숨을 고르며 '그래, 너도 같이 공부하는 거야'라고 마음속으로 속삭였습니다. 신기하게도 그 순간 교사와 어머니라는 두 정체성이 아름답게 조화를 이뤘습니다. 뱃속의 아이는 제가 가르치는 지식을 나누는 소중한 동반자로 느껴졌습니다.

교실에서 저와 함께 학생들이 과학적 사고를 발전시키고 세상을 바라보는 시야를 넓혀가는 과정을 지켜보며 세상에 나온 제 아들은 스스로 성장하고 탐구하며 자신만의 길을 개척해 나갔습니다. 이제 아들은 자연의 궁극적 이치를 탐구하는 MIT(매사추세츠공과대학) 물리학과 교수 최순원으로 성장했습니다.

그간 많은 분이 질문을 던지셨습니다.
"학원 한 번 안 갔다고 하던데요?"
"어머, 대학을 재수했다고 하셨는데 어떻게 하버드에 가셨어요?"
"대전과학고등학교에서 국제물리올림피아드에 나가 수상한 최초의 학생이었다면서요?"
"어머님이 중학교 과학 교사여서 어릴 때부터 공부를 도와주셨나 봐요?"
이렇게 다양한 궁금증이 이어졌습니다.
그때마다 제가 드린 답변은 한결같았습니다.
"저는 한 것이 하나도 없어요 그저 아이가 스스로 하게끔 옆에서 지켜봐 주었을 뿐이에요."

이 책을 출간하게 된 계기는 뜻밖의 메일 한 통 때문이었습니다. 출판사 대표님께서 제 아들의 특별한 이력에 주목하고 연락을 주셨습니다. 자녀 교육에 관심이 많은 학부모와의 만남을 제안해주셨고, 그렇게 시작된 〈토크 콘서트〉는 회를 거듭하며 많은 분의 공감을 얻었습니다. 참가하고 싶어 하는 어머니들이 늘어나면서 쌓인 대화의 시간이 이제 글로 정리되어 더 넓은 소통의 장이 열리게 되었습니다.
현대 우리 사회에서는 교육에 관한 다양한 담론과 의견이 끊임없이 오가고 있습니다. 교육은 가르칠 교(敎)에 기를 육(育)을 쓰는데 아이들을 가르치고 기르는 데 핵심 요소가 무엇인지에 대해 단 하나의 정답을 말하기는 어렵습니다. 그러나 한 생명이 세상에 나온 순간부터 가장 가까이에서 함께하는 존재가 바로 '어머니'이며 그래서 어머니는 생각보다 아이들에게 많은 영향을 미치게 된다는 사실을 부정할 수 없습니다.

그렇기에 저는 지금 우리 시대의 어머님들이 더욱 사랑하는 자식이 자신만의 의지대로, 자신만의 방식대로 스스로 피어날 수 있도록 경계를 잘 세우고 지켜보는 능력을 키워야 한다고 생각합니다. 그런데 이것이 참 어려운 일인 것 같습니다.

저의 이야기가 자녀를 사랑하는 이 땅의 모든 어머니에게 작은 위로와 영감을 주기를 바랍니다. 우리의 아이들이 각자의 고유한 빛깔로 자신만의 길을 찾아 나갈 수 있도록, 아이들의 여정을 함께하며 지지해주는 존재로서 어머니의 역할을 다시금 생각해보았으면 합니다.

〈토크 콘서트〉에 오신 어머님들과 함께.
어머니들과 얘기를 나누다 보면 '엄마는 위대하다'는 생각이
절로 듭니다.

차례

추천사   4

프롤로그   6

01   비우면서 채우는 육아

- 아이 성장의 안전한 트램펄린이 되어주자   15
- 엄마부터 정서적으로 안정되어야 한다   22
- 아이들에게는 빈둥댈 시간이 필요하다   31
- 아이에게 무엇이든 그려 넣을 수 있는 여백을 선물하자   38
- 따뜻한 밥 한 그릇으로 아이 마음을 채워준다   43
- 가장 좋은 교육 철학은 화목한 가정 분위기이다   52
- [칼럼] 왜 아이를 그냥 두면 불안한 엄마가 많을까   58

02   대화와 소통이 있는 가정

- 아버지와의 논리 확장 대화가 생각의 폭을 키우다   65
- 엄마와 함께하는 식탁 대화가 공부의 질을 높이다   71

- 아빠의 세뱃글은 힘이 세다 77
- 대화를 하지만 최종 선택은 아이가 하게 한다 88
- 대화가 잘되는 집안의 아이는 길을 스스로 찾아낸다 93
- [칼럼] 결국 말본새가 자기 운명을 결정짓는다 100

03 단순하지만 확실한 공부 잘하는 비결

- 수업 시간에 집중하면 문제와 답이 보인다 107
- 1등의 시험공부법은 기본에 충실하다 114
- 천재 아이큐보다 끈기와 공부 내면화가 중요하다 121
- 동기부여가 된 아이는 몰입의 즐거움을 안다 126
- 도전과 진로, 스스로 결정해야 잘한다 132
- 국제물리올림피아드, 큰물에서 놀면 달라진다 137
- 하나에 미치는 경험이 불가능도 가능으로 바꾼다 142
- [칼럼] 왜 공부하는가: 질문하지 않는 아이, 답하지 못하는 부모 148

04 좌충우돌 미국 대학 생활과 군 복무

- 지원했던 모든 대학에서 떨어지다 　　　　　　　　155
- 미국 대학 공부는 체력과 협업 능력이 중요하다 　　164
- 아버지의 단 하나의 요청, 해병대 입대하기 　　　　170
- 우리 부부가 만들고 싶은 가족의 모습 　　　　　　177
- MIT 교수의 멍 때리기, 결론은 다시 상상력이다 　　184
- **[칼럼]** 내가 이해해본 양자역학 　　　　　　　　190

에필로그 　　　　　　　　　　　　　　　　　　　　198

05 부록 _ 우리 가족의 목소리

- 아버지라는 이름의 거울 　　　　　　　　　　　　204
- 나이 마흔이 되어 돌이켜보니 　　　　　　　　　　211
- 나는 매일 우주를 창조한다 　　　　　　　　　　　214

01

비우면서 채우는 육아

아이 성장의
안전한 트램펄린이
되어주자

저는 1970년대 말에 대학을 다녔습니다. 제 부모님은 두 분 다 함경도분이신데 1951년도의 1.4 후퇴 때 북에서 맨몸으로 내려와 고생을 많이 하셨어요. 남쪽에서 살던 사람들도 매 끼니 밥을 챙겨 먹기가 힘들고 편안하게 잠을 자는 집조차 구하기 어려운 시기였으니, 저의 부모님이 겪으신 고난은 말로 다 할 수 없는 지경이었을 것입니다. 하지만 당신들은 성실하게 하루하루를 살아내시며 가정을 이루고 다섯 딸을 낳아 키우셨습니다.

우리나라는 여전히 가난했습니다. 웬만한 집에서는 여자를 대학까지 공부시키는 게 꽤 힘든 시절이었지요. 그렇지만 제 부모는 똘망똘망한 다섯 딸들에게 무한 신뢰를 보내며 마음껏 공부할 수 있도록 뒷바라지를 해주었고, 결국 우리 자매 모두가 대학을 졸업할 수 있었습니다.

그 시절에 주변의 친척들은 딸들 대학 보내서 뭐하냐고 했지만 제 어머니는 사람은 기본적으로 배워야 한다는 생각을 가지고 계셨습니다. 당신도 더 어려웠던 시기에 고등학교까지 마치고 간호사 일을 했으니까요. 스스로 배움이 주는 가치를 잘 알고 계셨기에 그 많은 딸에게 그토록 헌신할 수 있었던 것이지요. 지금도 어머니만 떠올리면 감사함으로 가슴이 벅차오르고 마음이 따뜻해집니다.

저는 그렇게 고려대학교 생물학과에 76학번으로 입학했고 졸업 후에는 서울의 한 중학교에서 과학 선생님으로 아이들을 가르치게 되었습니다.

결혼 후 하루하루 정신없었던
일과 육아의 병행

1960~1970년대 한국의 교육열은 그야말로 대단해 자녀를 제대로 교육시키려는 어머니들의 열망이 하늘이라도 뚫을 기세였습니다. 시험 보는 날 엿을 한 말이나 해 와서는 그걸 대학교 정문에 다 붙여놓은 어머니의 이야기가 신문에도 보도되었을 정도였고 너무 심하게 학교

를 드나드는 어머니들을 지칭하는 '치맛바람'이라는 말까지 생겼으니까요.

1980년대의 과외 금지 시대에는 조금 이 열기가 잦아드는 듯했으나 여전히 아이 교육은 가정에서 가장 중요한 문제였고 1990년대 과외 전면 해제 시대가 되니 사교육 시장이 폭발적으로 성장했습니다. 저는 학교 선생님으로서, 또 두 아이의 엄마로서 폭풍처럼 난리였던 우리나라 교육 현장의 한복판에 있었습니다. 첫째 딸을 1984년도에, 둘째 아들은 1987년도에 출산했거든요.

그렇지만 일을 하면서 아이 둘을 키우는 건 쉽지 않았습니다. 학교에서 종일 학생들을 가르치고 정신없이 서류 정리를 하다 퇴근해서는 곧장 집으로 돌아와 아이들에게 따뜻한 저녁을 해 먹이고 집을 청소하고 씻기는 그야말로 빡빡한 일상을 보내야 했거든요. 정신 차리고 뒤돌아보면 어느새 밤이 되어 또 다음 날을 준비해야 하는 나날의 반복이었습니다.

그렇기에 사실 아이들을 키우면서 육아 철학이니, 특별한 교육 방침이니, 학습과 건강에 좋은 음식을 해서 먹인다느니 그런 것들이 하나도 머리에 떠오르지 않았습니다. 밤 9시만 되면 눈이 감겨 졸음이 쏟아지고 다음 날 또 새벽에 일어나 아침을 준비하는, 매일매일 그야말로 폭풍의 눈 안에 있는 것 같은 하루를 보냈습니다.

혹자는 우리 인간이 20대, 30대에 체력이 좋은 이유는 술 먹고 노는 게 아니라 아이 키우라고 그런 거라고 하더군요. 저도 이 말에 동감합니다. 이렇게 생활하는 것 자체만으로도 힘들었거든요.

대체로 맑고 행복했던 육아 전선, 열심히 살았기에 후회는 없어요

많은 사람이 저에게 그래서 되돌아보면 지금까지 아이들한테 해준 것이 부족하다거나 후회된다고 여겨지는 게 없냐고 물으시더라고요.

음…, 한마디로 대답하면 '없다'입니다. 저는 제가 여태까지 아이들한테 해준 것에 대해서 후회해본 적이 없습니다. 최고의 양과 질을 제공했다고 생각하지는 않으나 아이들의 말에 최대한 귀 기울여가며 그때 형편에 비추어서 해줄 수 있는 최선의 노력을 기울여왔기 때문입니다.

특히나 제가 학교에 있으니 누구는 아이들에게 무엇을 어떻게 해주고, 누구는 또 무엇을 시켰다는 이야기를 많이 들었습니다. 1990년대 초반을 떠올려보면 그때 정말 우리나라에 공부 관련 테이프니 비디오, 기계 등이 많이 나왔고 육아 이론도 쏟아졌거든요.

그렇게 효과가 좋다니 당연히 내 아이들에게도 해주면 어떨까 대입이 되었습니다. 귀가 팔랑대면서 마음도 같이 흔들렸습니다. 하지만 비교하지 말고 그때마다 부모로서 내가 해줄 수 있는 최선을 아이한테 해주면 된다고 마음을 다잡았습니다.

제 육아 전선은 대체로 맑고 행복했으며 저는 정말로 하루하루 열심히 살았기에 후회가 없습니다.

그러다 이 글을 쓰기 전에 아이들은 어떻게 생각하는지 궁금해지더군요. 그래서 물어보았습니다. 너희들이 성장해서 학교에 다니며 공부를 하고 인생의 방향을 잡는 데 엄마 아빠가 어떤 좋은 영향을 미친

가족과 저녁을 먹고 치우면
눈이 저절로 감기는 하루하루를 보냈습니다.

1장 비우면서 채우는 육아

게 있느냐고요. 그리고 이미 다 큰 아이들에게 묻기에는 쑥쓰럽지만 무엇보다 지금 행복하냐고 질문했습니다.

아이 성장의 트램펄린
믿는 만큼 자라는 아이들

이제 자신의 아이를 키우고 있는 딸이 곰곰이 생각하더니 말하더군요.
"엄마, 엄마 아빠는 내게 안전한 트램펄린 같아요. 그 위에서 맘껏 뛰어놀며 공부든 무엇이든 열심히 부딪히고 내 적성을 찾으며 도전할 수 있었어요. 행복은 여전히 저에게 아직 더 써내야 하는 숙제이지만 지금 저는 어느 정도 행복하다고 생각해요. 내 아이에게 나도 엄마 아빠와 같은 부모가 되고 싶어요."

저에게는 최고의 찬사였습니다. 코끝이 찡해져서 오히려 딴청을 피웠네요.

미국 매사추세츠 공과대학교에서 물리학과 교수로 있는 무뚝뚝한 아들도 웬일인지 길게 말하더군요.

"자라면서 저에게 제일 행복했던 기억은 일요일 아침의 우리 집 모습이에요. 따뜻한 이불 속에서 부스스 눈을 뜨면 부엌에서 달그락달그락 엄마의 밥하는 소리가 들리고 맛있는 음식 냄새가 났어요. 얼른 일어나서 씻고 아빠가 들려줄 재미난 이야기를 기대하며 아침 밥상을 마주하던 그때가 가장 행복한 기억으로 떠올라요. 저는 강요하지 않으면서도 위와 뇌를 채워주던 엄마 아빠의 돌봄이 지금의 저를 만든 거 같아요."

그러고 보니 우리 집은 가족끼리 대화를 참 많이 했습니다. 식사 준비하면서 아이들과 이야기하고, 밥 먹으면서도 이야기를 했습니다. 일요일이면 아예 식탁에 눌러앉아 디저트에 커피를 마시면서 한 2시간 정도는 이런저런 이야기를 주고받았습니다. 제 생각에 일요일에 밥상머리에서 나누던 가족 간의 대화가 아이들의 정서 안정감과 두뇌 성장에 무엇보다 좋은 영향을 미친 듯합니다.

더 빨리 자라라고 묘를 뽑아 올리면 오히려 농사를 망치게 됩니다. 부모의 사랑과 관심을 바탕으로 아이는 안정감을 느끼고 동기부여를 받아 오롯이 저마다의 힘으로, 저마다의 속도로 자신의 인생을 살아나갑니다.

강요하지 않고 이해해주고 기다려주는 제 육아법이 적어도 우리 아이들에게는 좋은 영향을 미친 것 같습니다.

엄마부터
정서적으로
안정되어야 한다

〈토크 콘서트〉에 나가서 '태교는 아이 교육에 정말 중요한가요'라는 질문을 많이 받았습니다. 처음에는 별다른 생각이 없었는데 되돌아보니 어느 정도는 영향이 있을 수밖에 없다는 마음이 들었습니다. 엄마가 아이를 임신했을 때부터 정서적으로 안정되어야지만 아이에게 좋은 영향력을 끼칠 수 있기 때문입니다. 태교뿐 아니라 육아를 하면서 제가 경험한 엄마의 정서적 안정성의 중요성을 이야기하려면 조금은 면구스럽지만 제 연애사부터 풀어놓아야 하겠네요.

저는 대학교 1학년 여름방학 때 강진으로 한 달 농촌 봉사활동을 나갔습니다. 지금은 강진도 살기 좋은 곳이 되었지만 막 우리나라가 성장하기 시작했던 1970년대 말에는 전기도 없고 길도 제대로 닦이지 않은, 그야말로 촌동네였습니다. 그곳에서 손수레에 흙을 담아다 길을 만드는 등 진짜 열심히 땀을 흘려가며 봉사활동을 했습니다.

집으로 가야 할 때쯤이 되자 다들 시꺼메진데다 꼬질꼬질해져서 차마 서로 눈 뜨고 볼 수가 없는 지경이 되었죠. 그런데도 그새 봉사활동 팀원들끼리 정이 많이 들어 그냥 헤어지기를 아쉬워했습니다. 갑작스럽게 무창포로 놀러 가자는 이야기가 나왔고 다들 의기투합해서 몰려갔습니다. 그리고 그곳이 고향이었던 한 팀원이 저에게 멋진 친구를 소개해준다고 해서 불려 나온 사람이 지금의 남편이었습니다.

멋대가리 없고 투박한데다 데이트하고 집에 바래다줄 줄도 모르는, 그야말로 매너가 꽝인 남자였으나 온통 이과생들만 만나다 법학과를 다니며 깊이 있는 대화를 잘하는 남자여서 그랬는지 어쩌다 보니 연애를 시작하게 되었습니다.

태교는 특히 아이 감성에 중요한 역할을 합니다

저는 무엇보다 감성적인 면에서 태교가 중요한 역할을 한다고 봅니다. 제가 남편이 군대에 있을 때 결혼했거든요.

우리 남편, 성격이 참 특이합니다. 대학 졸업 후 대학원 1학년 때 행정고시를 최종 합격했는데 고시 붙은 사람들끼리 이야기를 하다 보니까 너무 편협하다는 거예요. 소위 서류만 파고드는 문약한 공무원이 되고 싶지 않다는 생각에 몸으로 부대끼는 집단으로 가야겠다고 해서 군대를 해군 해병대에 지원해서 장교로 갔습니다. 물론 또 그곳에 가서 보니까 거기도 자기 이상하고는 맞지 않는 면이 있어서 힘들어하기는 했어요. 너무 무작정 몰아붙이고 때로는 비이성적이었다는 거죠.

당시 장교 복무 기간이 3년 4개월인가 해서 굉장히 길었습니다. 저는 졸업했고 자꾸 나이를 먹고 있잖아요. 지금은 골드 미스라고 해서 늦게 결혼하는 게 대세이지만 그때만 해도 조금만 결혼을 늦게 해도 노처녀라는 말을 들었고 이게 사회적으로 굉장한 낙인처럼 작용했습니다. 더군다나 딸 다섯 집안에서 둘째인 제가 안 가니 제 밑으로 있는 동생들도 자신들의 결혼을 미뤄야 하나 걱정하더라고요.

그래서 어느 날 남편을 붙잡고는 '나 빨리 데려갈래 안 데려갈래' 하고 협박하듯이 물었죠. 그렇게 결국 남편이 군대에 있는 상태에서 결혼했어요. 다행히 장교라 그나마 외출이 되었거든요.

결혼하고 얼마 후 임신을 했는데 몸이 안 좋아져서 혼자 있을 수가 없었습니다. 당시에는 선생님들이라고 해도 휴직이 쉽지 않아서 남편도 없이 낯선 시댁으로 들어갔습니다. 그러다 보니 제가 정서적으로 안정되지 않더라고요. 아이가 온 게 너무너무 고마웠고 고물고물 뱃속에서 움직일 때는 난생처음 맛보는 감각에 웃음이 나오기도 했습니다. 그렇지만 입덧을 하면서 신물이 넘어올 때도, 만삭에 발톱을 깎을 때도 혼자서 이겨내고 견뎌내야 했죠.

시댁에서 아이 낳고 조금 지날 때까지, 1년 정도 살았는데 학교가 바뀌면서 통근이 힘들어졌습니다. 어쩔 수 없이 시댁에서 나와서 새로 배치된 학교 근처에 집을 얻어 딸을 일하는 사람에게 맡겨두고 학교에 나갔습니다. 이때도 정신적으로든 육체적으로든 참 막막했어요. 어떻게 이 시기를 버터내야 하나 불안하기도 했습니다.

남편은 한 달에 한두 번, 토요일 저녁 차를 타고 포항에서 왔다가 다음 날 점심쯤 내려가고는 했어요. 그나마도 군대에 비상이 걸리면 오기가 힘들었죠. 혼자 교사 봉급으로 아기 보는 사람을 두고 생활하니 경제적으로도 꽤 어려웠습니다. 제 월급의 대부분이 아기 보는 분에게 건너갔으니까요.

그러다 남편이 제대했습니다. 우리 딸이 그때 일을 기억해요. 어떤 아저씨가 가끔 왔다가 갔는데 조금 지나서 어느 날 보니 그 아저씨가 집에 계속 같이 있더라는 거예요. 의아해하며 엄마에게 물어보니 '저 아저씨가 아빠야, 이제 계속 같이 사는 거야'라고 했대요.

저는 그런 기억이 없는데 우리 딸은 그게 기억이 난다고 하네요. 어린 마음에도 그 사건이 큰 충격이었나 봐요. 모르는 아저씨가 같이 살 거라고 해서요. 자기는 그때 처음 아빠라는 존재를 알았다고 이야기하더라고요.

딸은 갑자기 낯선 아빠하고 살게 되어서 그런지, 임신했을 때 제 불안감이 전이되어 그런지, 엄마와 1년 동안 둘만 살아서 그런지 저한테

1장 비우면서 채우는 육아

유독 집착을 보였습니다. 네다섯 살까지 아침마다 제가 출근하려고 하면 '엄마, 가지 마' 하고 울기도 많이 울었어요. 그때마다 과자 한 봉지를 사서 쥐여주고는 바스락거리는 과자 봉지에 딸애가 정신을 팔고 있을 때 얼른 도망갔습니다.

이 때문인지 불안할 것이 전혀 없는 상황에서도 이상하게 가끔 주변 사람들이 꼭 자기를 두고 어디로 가버릴 것만 같다는 말을 했어요. 늘 뭔지 모를 불안감이 가슴 한쪽에 자리 잡고 있는 듯했습니다.

아이도 엄마 뱃속에서
다 듣고 느끼고 있어요

둘째 아이는 제가 과학 선생님으로 발령을 받고 4~5년 정도 학생들을 가르쳐 한창 실력과 노하우가 생기고 열의도 높았을 때 임신했어요. 젊기도 했고 책임감도 강했기에 아이를 임신했다고 해서 몸을 사리지 않고 적극적으로 교사 일을 했습니다.

특히 그때 담임을 맡고 있었는데 제가 하루라도 자리를 비우면 우리 반 아이들이 담임 없이 보내야 하는 시간이 생기잖아요. 담임이 없으면 안 된다는 생각에 방학이 시작되는 날까지 우리 반 학생들을 최대한 돌보겠다고 마음먹고 출산 휴가를 끝까지 미뤘어요.

그래서 우리 아들 생일이 7월 18일이에요. 그해 방학을 7월 18일에 했거든요. 마지막 날 오전에 종업식을 하고 오후 2시에 가서 아이를 낳았어요. 수술 날짜를 그냥 그날로 받았죠.

막달까지 일하니 애도 힘들고 저도 힘들었습니다. 서서 수업을 하는데 애가 안에서 이리저리 움직여서 옷이 풀럭풀럭할 정도였죠. 그런데도 정말 열심히 학생들에게 과학을 가르쳤어요.

되돌아 생각해봐도 어디서 그런 열정이 솟아났는지 신기하기만 해요. 힘들었지만 기운이 막 났거든요. 심지어 성적이 부진한 아이들은 방과후에 남겨서 보충수업도 했지요. 당시를 떠올려보면 제가 정말 슈퍼 맘 상태였던 것 같아요.

그런데 그 중학교 수업 과정을 아들이 태아 시절에 다 들은 듯해요. 과학적으로도 몇 개월 이상의 태아는 외부 소리를 듣는다고 하잖아요. 그래서인지 요즘 태교를 하는 엄마들은 수학 문제 풀기, 언어 공부하기에도 도전한다고 하는데 저도 아들이 과학을 잘하니 태교가 영향을 미친 것 같다는 생각이 들지 뭐예요.

우리 아들은 처음부터 아빠와 함께했고 나도 교사로서 자신감 넘치게 열정적으로 활동했을 때 찾아왔잖아요. 더군다나 아들을 낳을 무렵부터는 동생네 부부랑도 같이 살았거든요. 아들은 이모 가족이랑 우리 식구랑 한집에서 사니까 언제든지 식구를 볼 수 있었어요. 누나도 있고 아빠도 있고 이모, 이모부, 이모부네 아들인 형아가 다 있으니까 늘 편안해서 아들은 감정적으로 굉장히 안정돼 있어요.

딸이 초등학교 1학년 때 한번은 이런 일이 있었어요. 아이들이 잠든 틈에 남편과 잠깐 나갔다 왔는데 그새 깬 딸은 엄마 아빠가 없어졌다고 눈물을 뚝뚝 흘리며 울고 어린 아들이 누나를 달래고 있더라고요. 작은애는 울지 않고 씩씩했죠. 딸아이를 보면서 태아 때나 유아 시절

이모부네와 함께 살았던
마당이 있는 집과 집 앞길

에 느낀 불안감이 무의식 속에 그대로 남아 오랫동안 지속된다는 생각이 들었어요.

딸아이의 불안감이 걱정되고 애들을 떼어놓고 일하러 가는 게 한창 미안했던 저는 딸이 초등학교 저학년 때 한번은 애들한테 물어본 적이 있어요.

"엄마가 학교 다니는 게 나아, 아니면 학교 그만두고 너네들이랑 같이 다른 엄마들처럼 집에 있는 게 나아?"

이 질문에 아이들이 두 번 생각도 안 하고 대답하더라고요.

"그래도 엄마가 학교 다니는 게 더 좋아요. 엄마가 선생님이라고 말할 수 있는 게 자랑스러워요."

먼저 넘치도록 감정을 채워주세요

영유아기 때 엄마가 푸근하게 많이 안아주고 엄마 심장 소리를 듣게 해주면 아이가 감정적으로 굉장히 안정되잖아요. 그런데 요즘 엄마들은 신생아 때부터 아이를 떼어놓고 옆방에다 재우는 사람이 많아요. 아기 침대 근처에 카메라를 설치하고 아이가 좀 울더라도 큰일이 없으면 그냥 지켜보는 거예요. 그래야 독립심이 생기고 사람 손을 타지 않아 부모가 고생을 덜 한다고 여기더라고요. 재울 때 자꾸 안아주면 더 안아달라고 보채기만 한다고 여기기도 해요.

하지만 저는 좀 데리고도 자야 한다고 생각해요. 까탈스러운 아기도 분명 있습니다. 자꾸 안아주면 더 안아달라고 보채는 아기도 있고요. 하지만 아이를 키우면서 칼로 무 자르듯이 '오늘부터 무조건 따로 자는 거야' 이렇게 할 수는 없다는 생각이 들어요.

저는 엄마가 먼저 아이에게 듬뿍 정을 주는 게 아이의 정서 발달이나 감정에 큰 영향을 미친다고 생각해요. 부모의 아낌없는 애정을 받아본 아이들은 '나는 자라면서 행복했어' 하는 그 기억만으로도 자기 아이를 갖고 싶다는 생각이 든다고 여겨요. 자기가 느껴보지 못한 것은 알 수가 없잖아요. 아이에게 스킨십은 많이 해줄수록 좋지 않을까요.

아이들에게는
빈둥댈 시간이
필요하다

저희는 아이들이 초등학교 때까지는 서울 북한산 자락의 은평구 진관외동에 살았습니다. 서울이기는 하지만 외곽에 있어서 당시만 해도 약간 시골 마을 분위기였어요. 게다가 집이 산 중턱에 있었는데, 약수터가 가까워서 5분이면 갈 정도였습니다. 일요일이면 산 아래에서 사람들이 물병을 들고 약수를 뜨러 오는, 그런 동네였습니다.

요즘은 집 근처에 초등학교, 중학교, 고등학교가 모여 있어서 아이들이 버스를 타지 않고 학교를 걸어서 5분, 10분이면 다니지만 그때 저희 집에서 아이들의 초등학교까지는 거리가 꽤 되었습니다. 걸어서 가면 20~30분이 넘게 걸렸어요. 그래서 아이들은 학교에 마을버스를 타고 다니곤 했습니다.

이 시절 저 역시 중학교 교사였으니 아침 일찍 나가고 오후 늦게 집에 들어왔습니다. 아침에 출근하면서 아이들에게 용돈을 줍니다. 100원은 학교 갈 때 버스비, 100원은 올 때 차비, 100원은 아이스크림이나 과자를 사서 먹는 간식비, 이렇게 매일 300원씩을 주었죠.

두 아이에게 똑같이 용돈을 주었는데 딸은 항상 버스를 타고 다녔고 아들은 버스를 타지 않고 걸어가며 용돈을 모으곤 했습니다. 아파트가 많은 도심 한복판이 아닌 한적한 동네이다 보니 아들은 이리저리 둘러둘러 걸어갔습니다.

심심한 시간이 있어야
다양한 생각을 할 수 있어요

걷는 시간이 심심했겠죠. 그러니까 그냥 돌멩이를 발로 차보고 하늘도 쳐다보고 들이나 길에 핀 풀도 보고 가는 겁니다. 학교 끝나고 올 때도 마찬가지였고요.

한번은 '너 학교 걸어서 오는 거 힘들지 않아' 하고 물어보았어요. 그런데 아들은 그냥 걸으면 지루한데 자기는 구름이나 풀을 보며 상상의 나래를 펼치고, 다양한 생각을 하기에 재미있다고 하더라고요. 무슨 생각을 했냐고 물어보니 초등학생인데도 제법 깊이 있는 사고를 했

아이들이 어릴 때 살았던
서울 은평구 진관외동.
눈 온 다음 날 뒷산에 산책을 가면
여느 자연이 부럽지 않았습니다.

더라고요.

'우리가 하늘을 날 수 있다면 어떨까? 순간이동을 할 수 있다면 어떨까? 그런데 순간이동을 하면 너무 위험할 것 같다. 내가 집에서 학교로 순간이동을 했는데 잘못해서 낭떠러지로 떨어지면 어떡해? 순간이동은 수평으로만 가능할까? 수직이동도 할 수 있을까? 순간이동을 해서 내가 뿅 나타나면 그 자리에 있던 공기들은 다 어디로 가는 거지?'

그렇게 스스로 질문을 던지고 궁리하면서 생각하는 과정을 즐겼다고 하더라고요. 집에 돌아오면 엄마는 없었지만, 똑딱똑딱 시계 소리만 들리는 방 안에서 엄마 냄새가 나는 따뜻한 이불 속으로 기어들어가 또다시 공상을 이어갔고요.

'시계는 정말 움직이는 걸까? 초침이 움직이는 것은 보이는데, 분침이 움직이는 것은 잘 보이지 않네. 분침이 정말 움직이는 건가? 큰 톱니바퀴가 작은 톱니바퀴를 돌리면 왜 더 빨리 돌아갈까?'

요새 우리 아이들은 생각할 기회나 시간이 없습니다. 일상에 틈이 없습니다. 아이들이 지루해할 시간을 주어 혼자 상상할 수 있는 여유를 만들어주어야 합니다.

지루함은 상상력을
상상력은 미래를 부릅니다

초등학교 1학년 때부터 아들은 이런저런 공상을 하면서 머릿속에서 컴퓨터 CPU를 돌리듯 사고하는 능력을 많이 훈련한 것이죠. 이러한 경험들이 아이의 사고력과 창의성을 길러주는 밑거름이 되었던 것 같습니다.

하루는 제가 집으로 돌아와 저녁을 준비하는데 아들이 엉뚱한 소리를 했습니다. 오늘 오후에 궁리한 것인데 자신이 퀴즈를 낼 테니 알아맞혀 보라고 했습니다.

"그래, 어떤 퀴즈야?"

"응, 엄마. 있잖아요, 여기 이렇게 U자형 곡선 모양의 틀이 있어요. 이 틀 끝에서 구슬 하나를 떨어뜨리면 구슬이 또르르 굴러서 저 끝까지 갔다가 되돌아올 거잖아요. 이렇게 왔다 갔다를 얼마큼 할 것 같아요?"

아이는 혼자 누워서 벽에 있는 시계의 추가 왔다 갔다 하는 걸 보면서 그런 생각을 떠올린 거예요.

저 역시 과학 교사이지만 이런 생각을 해본 적이 없는데, 당시 저는 아들이 참 심심했나 보다라고만 여겼습니다.

나중에 아이가 미국 유학을 준비할 때, 이 시절의 경험을 에세이에 담아냈습니다. 아이가 혼자만의 시간 속에서 키운 상상력과 창의력이 결국 아들의 이야기를 풍부하게 만들고, 아들의 성장에 중요한 역할을 했던 것 같습니다.

아들도 돌이켜보면 그렇게 걸어 다니면서 여러 가지 공상을 하고 집에 와 또 혼자 이런저런 상상을 했던 것들이 쌓여 기발한 생각을 많이 하는 사람이 된 것 같다고 말합니다.

엄마가 직장을 다녔기에 아들은 혼자 있는 시간이 많았어요. 그 당시에는 텔레비전 방송도 오후 다섯 시가 넘어서야 시작했어요. 지금처럼 스마트폰이나 다양한 디지털 기기가 있던 시대도 아니었습니다. 그때도 학생들이 오락기 게임을 많이 하기는 했지만, 아들은 게임에도 큰 흥미를 보이지 않았어요. 게임보다는 자기 혼자서 생각하고 뭔가를 탐구하는 걸 더 좋아했던 것 같아요. 그러면서 엉뚱한 상상력을 최대한 키워나갔죠.

창의력은 그 누구의 도움도 없이 혼자 생각하면서 커집니다

요즘 만능 키트 같은 과학도구를 다양하게 판매합니다. 이 도구를 활용하면 창의력이 개발된다고 홍보하곤 하는데 저는 그런 것의 효용성에 고개를 갸웃거립니다.

창의력은 그야말로 새로운 것을 생각해내는 능력입니다. 어떻게 보면 좀 별난 생각이라고도 할 수 있죠. 남들하고 다른 생각, 보편적이지 않은 생각이기에 창의력은 자기가 혼자 떠올려야 합니다. 장난감 집을 만든다고 하면 마당에 나가서 돌멩이도 가져오고 나뭇가지도 가져다가 어떻게 활용할까 궁리하는 게 창의력이지 만능 키트 속 부품으로 하는 것은 한계가 있습니다. 주어진 구조물 안에서 생각하기에 결국 닫힌 사고가 되는 겁니다.

또 책을 좋아하지 않는 아이에게 무작정 책을 많이 읽히는 것도 권하지 않습니다. 생각 없이 책을 읽으면 책 속 내용이 생각을 지배할 수 있습니다. 어쩌면 책에서 정의 내린 그 생각, 저자가 결론 내린 그대로를 받아들이고 끝날 수도 있습니다. 물론 책을 읽고 거기에 해석을 추가해 자신만의 것으로 만드는 아이들도 있겠지만 제 아들은 독서를 그다지 좋아하지 않았고 책에서 무언가를 배우기보다는 자신의 머리를 통해 생각에 생각을 거듭하면서 깨달아가는 것을 좋아했습니다.

그러니 부모는 다양한 아이들의 특색을 인정하고 스스로 생각하고 판단할 수 있도록 도와야 합니다. 자신에게 맞는 경험을 해서 아이가 가고 싶은 길을 찾아내는 게 중요합니다.

아이에게 무엇이든
그려 넣을 수 있는
여백을 선물하자

아이들을 키우다 보면 자주 듣는 말이 있죠.

"엄마, 심심해."

그럴 때마다 부모는 뭔가 해주어야 한다는 강박에 시달립니다. 책을 권하거나, 장난감을 내어주거나, 아니면 스마트폰이라도 쥐여줍니다. 하지만 과연 이것이 옳은 일일까요?

얼마 전 우연히 흥미로운 다큐멘터리를 보았습니다. 한 아이가 휴대폰도 책도 장난감도 없는 텅 빈 방에 혼자 있는 모습이 나왔습니다.

그런데 처음에는 당황하고 불안해하던 아이가 시간이 지나면서 무언가를 상상하기 시작했습니다. 혼자 중얼거리며 보이지 않는 친구와 대화하고, 손으로 무언가를 그리며 놀이를 만들어냈습니다. 그 모습을 보며 저는 깨달았습니다.

'아, 우리 아들이 어릴 때 이런 상황이지 않았을까? 지루함이 이런 힘을 가지고 있구나.'

아무것도 하지 않을 때
뇌는 가장 열심히 일합니다

우리는 지루함을 부정적인 감정으로 여깁니다. 시간이 느리게 가는 답답함, 무엇으로든 채워야 할 공허함 정도로 말이죠. 하지만 학교에서 아이들을 지켜보면서 지루함이야말로 창의력과 사고력을 깨우는 가장 강력한 도구라는 점을 알았습니다.

2013년 영국 센트럴 랭커서 대학에서 재미있는 실험을 했습니다. 사람들을 세 그룹으로 나누어 각각 다른 과제를 주었는데 첫 번째 그룹에게는 전화번호를 외우게 하고, 두 번째 그룹에게는 전화번호를 쓰게 하고, 세 번째 그룹에게는 전화번호를 그냥 읽기만 하게 했습니다.

당연히 세 번째 그룹이 가장 지루했을 것입니다. 그저 읽기만 하는 단순한 작업이니까 말이죠. 그런데 이후 플라스틱 컵으로 할 수 있는 일들을 말해보라고 했을 때, 가장 창의적인 답변을 한 그룹은 바로 세 번째였습니다.

화분, 얼음 틀, 놀이 도구, 즉석 스피커, 타악기, 새 모이통, 바람개비, 작은 동물 집까지…. 일반적인 생각으로는 나오기 어려운 기발한 아이디어들이 쏟아져 나왔습니다. 지루함이 오히려 상상력을 자극한 것이었습니다.

과학자들은 이런 현상을 '내재 상태 네트워크(default mode network)'라는 용어로 설명합니다. 내재 상태 네트워크는 주로 내재적인 내용을 처리할 때, 즉 자신에 대한 것들을 처리하는 과정에서 활성화되는 부위라고 합니다.

지루할 때 우리 뇌는 과거를 되돌아봅니다.

'아, 그때 내가 왜 그랬을까?'

그러면서 경험을 정리하고 교훈을 얻습니다. 동시에 현재를 점검합니다.

'지금 내 모습은 어떤가? 뭔가 바꿔야 할 것은 없을까?'

그리고 미래를 그려봅니다.

'앞으로 뭘 해볼까? 이 일이 나중에 어떤 결과를 가져올까?'

이 모든 과정이 지루함이라는 시간 속에서 일어납니다. 과거와 현재, 미래를 연결하면서 우리는 성장하고, 그 과정에서 새로운 아이디어가 탄생하는 것이죠.

즉 우리가 아무것도 하지 않는 것 같을 때도 뇌는 열심히 일하고 있다는 뜻입니다.

저는 이 다큐멘터리를 보기 전에도 학부모 상담 시간에 '적어도 초등·중학교 아이들이 아무것도 안 하고 있는 시간은 절대 아무것도 안

하고 있는 시간이 아니다'라고 학부모들에게 말하곤 했습니다. 아이는 그 시간에 자신의 작은 머리통을 부여잡고 자신만의 회로를 만들고 있습니다. 뉴런의 신경세포들이 서로 전기신호를 주고받으면서 과거와 현재, 미래를 연결하면서 자기 자신과 이 세상에 대한 이해력과 창의력을 키워나가는 것이죠.

그러니 아이를 닦달해 책상에 묶어놓으려고 하지 말고 그냥 놓아두는 시간을 선물해야 합니다. 물론 이때 게임기나 휴대폰은 멀리하게 해야 합니다. 게임기와 휴대폰은 우리의 정신을, 시간을 잡아먹는 괴물이니까요.

자극을 찾아
빠름과 요약에 중독된 아이들

요즘 아이들을 보면 안타까운 마음이 듭니다. 한자리에 진득하니 앉아서 하나에 집중하는 게 없습니다. 영화도 2시간짜리 원작 대신 10분짜리 요약본을 찾아보니 알맹이 없이 겉만 훑고 갑니다. 유튜브에서 언제 어디서든지 볼 수 있는 짧은 쇼츠의 대유행으로 지루하다 싶으면 손가락을 들어 바로 다른 영상으로 넘어가고요. 몰입할 시간도, 여운을 느낄 시간도 없이 계속 새로운 자극을 찾아 헤매는 모습을 자주 봅니다.

이 현상은 결국 더 강한 자극을 찾아 헤매게 하는 악순환을 만들어내지요. 마치 중독처럼 말이에요. 조금만 지루해도 견디지 못하기에 깊이 있게 생각하는 능력을 점점 잃어갑니다.

그렇다면 어른인 우리가 어떻게 해야 할까요? 여러분도 아마 알고 있을 텐데 답은 의외로 간단합니다. 아이들이 '심심해'라고 말할 때 성급하게 해결해주려고 하지 말고, 그 지루함을 견뎌내도록 그냥 두세요.

물론 쉽지 않죠. 아이가 불편해하는 모습을 보면 뭔가 해주고 싶은 마음이 듭니다. 하지만 그 지루함 속에서 아이는 자신만의 세계를 만들어가고, 상상하고, 창조하고, 스스로 문제를 해결하는 법을 배웁니다.

이것이 진정한 교육이 아닐까요? 모든 것을 다 주는 것이 아니라, 아이 스스로 찾아갈 수 있는 여백을 만들어주는 것 말이죠.

지루함은 뇌에 신선한 자극을 줍니다. 외부의 시끄러운 소음을 차단하고, 내 안의 소리에 귀 기울일 수 있게 해줍니다.

아이들에게 필요한 것은 더 많은 콘텐츠가 아니라, 아무것도 하지 않아도 괜찮다는 허락입니다. 그 허락 속에서 아이들은 자신만의 놀이를 만들어내고, 누구도 가르쳐주지 않은 창의성을 찾아냅니다.

지루함을 두려워하지 마세요. 오히려 그 지루함을 소중히 여기고, 아이들과 함께 그 시간을 음미해보세요. 그 안에서 예상치 못한 보물을 발견할 것입니다.

따뜻한 밥
한 그릇으로 아이 마음을
채워준다

교사 생활을 할 때 정말 열심히 가르쳐서 학생들이 저를 참 좋아했습니다. 제 입으로 말하기는 그렇지만 인기 있는 선생님이었죠.

제가 중학교 생물 선생님이 되어 아이들을 가르쳤을 때는 전국적으로 중학교 아이들의 수준을 알아보는 모의고사 시험이 있었습니다. 이 전국모의고사를 보면 국어 몇 점, 수학 몇 점 이런 식으로 과목별로 전체 평균까지 계산되어 나왔습니다. 당시 생물은 여덟 문제가 각 1점씩 8점이 만점이었습니다. 생물 전국 평균은 한 4점 얼마 정도 되는데 그

중에서 서울 평균은 5점 얼마였습니다.

그런데 제가 근무했던 학교는 강북에 있는 일반 중학교였고 강남 학군이 아니었는데도 학생들의 생물 평균점수가 7점 가까이나 되었습니다. 여덟 문제 중에서 아이들이 거의 하나씩만 틀렸다는 거죠. 평균이 전국에서 1등이었습니다.

그때 저는 열정이 넘쳐서 수업이 끝나면 점수가 떨어지는 우리 반 애들을 남겨서 수학도 가르치고 영어 단어도 같이 외워주고는 했습니다. 저만 그런 것이 아니라 다른 반도 다 담임 선생님이 애들을 붙잡고 앉아서 공부시켰는데, 요새 그랬다가는 큰일 나겠죠? 우리 아이 학원 가야 하는데 왜 집에 안 보내주냐고 전화가 오잖아요.

당시 저는 마치 우리 반 학생들의 생물 점수를 모두 제 어깨에 짊어지고 나가는 사람처럼 그렇게 열심히 했습니다.

사실 제가 생물학과를 간 것도 고등학교 때 생물 선생님이 멋있어서였습니다. 그분은 서울대학교를 나오셨는데 수업 시간 내내 교과서를 한 장도 안 들춰보고 처음부터 끝까지 쫙 꿰어서 설명했습니다. 내용이 머릿속에 쏙쏙 들어올 정도로 명쾌했기에 아이들은 수업 시간 내내 빨려 들어가는 듯 몰두를 해서 딴짓을 할 수가 없었습니다.

그 선생님은 우리나라의 생물학이 더 발전해야 하는데 아직 가야 할 길이 멀다면서 안타깝다는 이야기를 자주 하곤 했습니다. 그래서 저는 우리나라의 생물학을 좀 발전시켜보겠다는 사명감에 불타서 생물학과에 지원한 거죠.

좋아하면 열심히 하는 것은 아들과 제가 닮았네요.

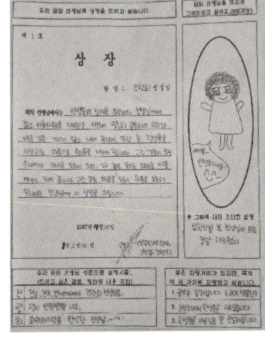

(위) 교사 시절, 가르치던 아이들과 함께.
(아래) 아이들이 준 상장.

아이를 위한 밥 챙기기도
가치가 있어요

그렇게 대학에서 열정적으로 공부하고 교직 생활을 하는 동안에 아이들을 가르치는 데 최선을 다했지만 학교 외 시간은 온통 가족에게 쏟아부었습니다. 제가 28년 교직 생활을 하는 동안에 평일에 따로 친구들과 약속을 잡거나 다른 일을 한 적이 거의 없습니다. 학교에서 아이들과 나머지 공부까지 마치면 얼른 퇴근해서 집에 와서 식사 준비부터 했습니다. 한창 자라나는 내 아이들에게 건강한 밥을 챙겨주는 것보다 더 중요한 일은 없다고 생각했기 때문입니다. 또 함께 밥을 먹는 순간은 무엇보다 중요한 가족 간의 유대감을 쌓는 시간이라고 여겼습니다.

밥을 준비하고 먹으면서 아이의 하루 일과나 아이가 생각해낸 기발한 이야기를 듣고, 또 아이가 퀴즈를 내거나 공부한 것을 설명하면 그걸 가지고 대화를 하고는 했습니다. 이렇게 결혼하고 애 키우면서 온통 제 삶은 일과 가족뿐이었습니다.

물론 엄마로서 가족을 위해 헌신하다가도 때로는 '내 인생은 뭔가? 나라는 사람이 있기는 하나' 같은 마음이 들 때도 있었지만, 내가 조금 더 노력해서 우리 아이들과 남편이 편안할 수 있다면 충분히 수고할 가치가 있다고 생각했습니다.

우리 가족 모두가 잘나갔으면 좋겠지만, 현실적으로 그게 쉽지는 않잖아요. 잘되는 사람 뒤에는 도와주고 힘이 되어줄 사람이 필요합니

다. 큰 희생은 아니더라도 내가 제공하는 따뜻한 밥 한 그릇과 다정한 위로의 말이나 대화가 가족을 받쳐주는 힘이라고 여겼습니다.

제 주변에는 한창 젊었을 때 대학교수가 되겠다며 해외로 유학을 떠난 친구들도 있었습니다. 그런데 그 과정에서 가족들이 흩어져 살게 되면서 아이가 정체성을 잃고 외로워하는 경우를 많이 보았습니다. 공부를 곧잘 했던 저도 학업에 대한 욕심이 없지는 않았지만 저는 집에서 가족을 돌보는 시간 역시 결코 인생 낭비가 아님을 깨달았습니다. 저는 남편과 아이를 위해 헌신했고, 그것을 자랑스럽게 생각합니다. 제가 돈을 많이 벌지도, 공부를 해서 박사학위를 받은 것도 아니지만 가족을 위해 시간을 투자하고 지원한 것 역시 가치 있는 일이었다고 믿습니다.

지나고 나니 남편과 아이들에게 밥을 해줄 수 있었던 시간이 참 좋았습니다. 함께 밥을 먹고 대화를 나눌 수 있었던 그 평범한 순간들이 얼마나 귀하고 감사한 시간이었는지 느끼니까요.

결국 가족과 함께하는 소소한 일상이야말로 가장 큰 행복이라는 걸 배웠습니다. 최선을 다해 가정을 이루었기에 부채감이 없고 스스로에게 당당하죠.

너무도 어려운 현대 사회의
육아와 직장 균형 맞추기

몇 년 전부터는 딸아이가 자신의 아이를 키우는 것을 보면서 많은 생각을 하게 되었습니다.

딸은 결혼하고 첫아이를 낳고는 산전후휴가 3개월만 지낸 후 직장에 복귀했습니다. 다행히 살고 있던 아파트 1층에 어린이집이 있었지만, 처음에는 아이가 너무 어려 받아주지 않았습니다. 사정을 얘기하고 여러 날의 설득을 거친 후에야 아이를 맡기고 복직할 수 있었습니다.

그런데 아이가 어린이집에 다니면서 감기에 자주 걸렸습니다. 아기가 아프면 어린이집에 못 보내고 집에서 돌봐야 하니 아이 엄마나 아빠가 교대로 연가와 반차를 쓸 수밖에 없었습니다. 도저히 안 될 때는 지방에 사는 할머니 할아버지까지 불러 올라가 며칠씩 돌봐주어야 했습니다. 아이가 한번 아프면 그야말로 온 집안이 난리가 나는 거죠.

이게 참, 닭이 먼저냐 달걀이 먼저냐 같은 상황인데 아이들은 이렇게 아프면서 면역력을 키우기도 하지만 아직 면역력이 약한 아이가 단체생활을 하면 병치레가 잦아질 수밖에 없는 거죠. 아무래도 여러 어린이가 함께 지내다 보니 손주는 자주 유행병에 걸렸고 그러면서 증상이 악화되지 않도록 항생제 처방도 받곤 했습니다.

외할머니 외할아버지인 우리는 이런 상황이 안타까웠지만 그렇다고 젊은 부부에게 아이를 어떻게 키워야 한다고 말을 얹을 수는 없었습니다.

그러던 어느 날 딸아이에게서 전화가 왔습니다. 아이가 너무 어린 나이에 단체 생활을 하다보니 중이염이 2달 이상 낫지 않았고, 자칫하면 청력에 이상이 생길 수도 있다는 의사의 말을 들었다고 하더군요. 한창 경제적으로 맞벌이가 필요한 시기였고 그동안 쌓아온 경력도 아

까웠으나 부부가 의논해 지금 중요한 것은 그것이 아니라고 결론을 냈기에 직장을 그만두고 자신이 직접 아이를 돌보기로 했다고 덧붙였습니다. 저는 조용히 그 결정을 응원했습니다.

놀랍게도 엄마가 집에서 직접 식사를 챙기며 돌보았더니 아이는 일주일 만에 콧물이 떨어지면서 중이염도 순식간에 나아 건강해지더라고요.

딸이 대단하다고 생각하는 건, 아이와 가족이 힘든 상황에서 과감히 자신의 커리어를 멈추는 선택을 했다는 점이에요. 사실 딸이 다니던 회사는 유수의 외국계 회사여서 누구라도 탐내는 직장이었습니다. 그렇지만 만약 그때 딸이 직장 다니는 것을 고집했다면 온 가족이 힘들었을 것입니다.

저는 이 이야기를 통해 가족을 위한 희생이 결코 사라지는 것이 아님을 전하고 싶습니다. 엄마의 헌신은 가족이 잘 성장하는 밑바탕이 되며, 그 자체로 큰 자부심을 가져야 할 일이라고 생각합니다.

사회가 바뀌어야 육아가 쉬워집니다

우리 가족은 젊었을 때 일본에서 2년 동안 생활한 적이 있습니다. 남편이 일본에서 공부하게 되어 저도 학교를 휴직하고 온 가족이 일본으로 옮겨 갔지요.

그때 유학생 장학금으로 네 명의 가족이 생활해야 했기에 그야말로 허리띠를 꽉 졸라매는 절약 생활을 해야만 했습니다. 눈앞에 닥쳐온 생활고에 저는 맘 편히 집에서 아이들만 돌보고 있을 수가 없었습니다. 일본어도 거의 못 하는 저는 낯선 외국에서 살 방도를 찾아보겠다고 애쓰다가 어찌어찌 옆집 일본인 아줌마의 소개로 공장에 아르바이트를 다녔습니다.

남편이 받는 장학금에서 이것저것 제하고 나면 5만 엔 정도가 생활비로 쓸 수 있는 금액이었는데 아이들이 학교에 간 오전에 매일 3시간 정도 아르바이트를 하면 또 5만 엔 정도의 수익이 생기더라고요. 그 돈이 얼마나 보탬이 되었는지 모릅니다. 그렇기에 작은 일이라도 할 수 있도록 기회를 얻은 것에 정말 감사했지요.

요즈음 아이를 기르는 젊은 엄마들은 한번 직장을 그만두면 다시 취업하기가 너무 어려워서 단 몇 년 만이라도 집에서 쉬면서 아이를 돌보고 싶지만 참고 회사를 다닐 수밖에 없다고 합니다. 우리나라도 조금 더 쉽게 취업하고 힘들 때는 쉴 수 있는 취업 시장이 만들어졌으면 좋겠습니다. 꼭 전문직이나 정규직이 아니더라도 일단 시간제로라도 일할 수 있는 자리가 많아졌으면 합니다. 경제적으로 작은 도움이 될 뿐만 아니라 잠시라도 육아 스트레스에서 벗어나 사회 활동의 참여자로서 보람을 느낄 수 있으니까요.

육아를 하는 엄마에게는 고비고비마다 몇 번의 위기가 찾아옵니다. 그럴 때마다 주변의 도움이 절실히 필요하지요. 하지만 모두가 도움을 받을 수 없는 현대 사회의 딜레마가 결국 젊은 엄마와 아빠들이 아이를 낳고 기르는 일을 더 고민하게 합니다.

초저출산의 시대, 우리 사회는 변해야 하고 당연히 변할 것입니다. 또한 저는 젊은 부모들에게 일단 걱정은 내려놓고 지금 이 순간에 최선을 다했으면 좋겠다는 말을 하고 싶습니다. 포기와 집중을 통해 가장 가치 있는 것을 지켜나가야 합니다.

가장 좋은
교육 철학은 화목한
가정 분위기이다

주위의 모든 사람이 우리 아이가 성공했다고 말합니다. 학업에서 뛰어난 성과를 거두었고, 미국에서 인정받는 자리에 있으니 부러워하는 시선도 많습니다. 하지만 저는 가끔 이런 생각을 합니다.

'아들이 그냥 한국의 조그마한 회사에 다니면서 주말이면 가족과 함께 시간을 보내고, 며느리와 손주를 데리고 집에 와서 밥도 먹고 웃으며 놀다 갔으면 얼마나 좋을까.'

아들이 미국에 있다 보니 1년에 아들 얼굴 한 번 보기도 어렵습니다. 카톡이나 영상통화는 자주 하지만, 그걸로 아쉬움이 다 채워지지는 않잖아요. 아이를 만지고, 감정과 느낌을 공유하고 싶지만 그게 불가능한 현실은 부모로서 씁쓸할 뿐입니다.

사람들은 자식이 잘돼서 대단한 사람이 되면 부모로서 큰 자랑이 아니냐고 합니다. 그 말도 맞겠지만 제 생각은 조금 다릅니다. 자식은 내 곁에 있어야 내 새끼 같다는 마음이 큽니다. 아이가 훌륭하게 성공한 것도 좋지만, 무엇보다 가족과 가까이에서 함께 살아가는 것이 더 큰 행복이라고 믿습니다.

그런데도 이건 엄마의 안타까움일 뿐이고 아이가 자신이 원하던 길을 잘 찾아 걸어 나가면서 거기에서 큰 행복을 느낀다는 점에서는 다행이라고 여깁니다.

그런데 아들 역시 미국에서 가족이 그립다는 말을 자주 합니다. 딸과 함께 우리 가족은 그래서 정기적인 가족 모임을 소중히 여깁니다. 이런 끈끈한 가족의 정을 만든 건 무엇이었을까요?

가장 중요한 육아 철학은
좋은 가정 분위기 만들기입니다

이과 출신인 저는 아들처럼 책을 그렇게 많이 읽지는 않았습니다. 아이를 키우면서도 한창 유행하던 육아서를 제대로 읽어본 적이 드물었습니다. 한편으로는 그런 육아서를 읽는다고 당장 내 상황을 획기적으로 바꾸기는 어렵고 오히려 잘못하고 있는 것만 알게 되어 신경 쓰이고 힘들 것이라고 생각해서 부러 외면하기도 했습니다.

그렇지만 학교 선생님이 되기 위해 대학교 때부터 기본 교육 철학 관련서는 꽤 읽었습니다. 아이들을 더 잘 지도하기 위해 아동 심리서나 지도 교수법을 다른 선생님들과 공부하기도 했습니다. 그중에서 몇 가지는 역시 전문가는 다르다는 생각이 들어 교육 현장에서 유용하게 써먹었습니다.

특히 제가 육아를 할 때도 도움을 받은 교육심리 이론이 몇 가지 있습니다.

먼저 오스트리아 정신분석 이론의 창시자이자 의사인 지그문트 프로이트(Sigmund Freud)는 어린 시절의 경험이 한 사람의 심리와 성격 발달에 큰 영향을 주며 인간 발달은 다섯 단계로 이루어진다는 이론을 제시했습니다. 프로이트 이론에 관해서는 여러 가지 비판도 존재하지만 아동 발달에 있어서 좋은 시사점을 제공했다는 의의가 있습니다.

또 영국의 정신분석가 존 볼비(John Bowlby)는 어린 시절 아이가 부모의 보살핌을 제대로 받지 못하면 정신적으로나 사회적으로 상당한 발달 지체가 발생한다는 논문을 발표했습니다.

이와 관련하여 나중에 실시된 유명한 실험도 있죠. 새끼원숭이를 어미와 따로 떼어 철망으로 어미원숭이 형상을 두 개 만들어놓은 우리에 넣었습니다. 이때 한 철망 어미원숭이에게는 우유병을 달아놓았고 또 다른 철망 어미원숭이에게는 우유병은 없으나 헝겊으로 감싸 포근함을 느낄 수 있도록 했습니다.

결과적으로 새끼원숭이는 먹을 때만 우유병을 달아놓은 어미원숭이에게 가고 대부분의 시간은 헝겊으로 감싼 어미원숭이의 품에 있는 걸 택했습니다. 그만큼 새끼원숭이에게 정서적인 만족감이 중요했던 것입니다.

오스트리아의 동물행동학자인 콘라드 로렌츠(Konrad Z. Lorenz)의 각인 이론에서 출발한 육아 철학 역시 참고할 만합니다. 각인이란 어린 동물이 특정 시기에 어떤 대상에 애착을 형성하는 것을 말합니다. 여기서 특정 시기란 아이 발달에 '결정적 시기'로 이때 적절한 환경적 지원과 자극을 해주면 아이는 적응 행동을 더 빠르고 쉽게 배울 수 있다고 합니다.

몇 가지 이론을 놓고 보면서 저는 아동 발달, 애착, 결정적 시기라는 것이 기본적으로 가정에서 비롯된다는 것을 알 수 있었습니다. 그렇기에 저는 무엇보다 좋은 가정 분위기를 만들기 위해 힘썼습니다.

부모가 싸우는 것을 본 적 없는 아이들

우선적으로 아이들이 아빠를 존경하기를 바랐고, 그 존경심은 엄마가 만들어주어야 한다고 생각했기에 아이들 앞에서 아빠에게 핀잔을 주거나 무시하지 않았습니다. 항상 아이들 앞에서 남편을 존중했습니다.

다행히 아이를 키우면서 남편과 저는 교육 방향이나 아이를 대하는 방식에 큰 이견이 없었습니다. 남편 역시 아이들 앞에서 저를 함부로 대하거나 말투를 거칠게 하지 않았습니다. '너 이랬어, 저랬어' 같은 말조차 한 번도 해본 적이 없습니다. 이런 존중이 아이들에게 좋은 영향

화목한 가정 분위기를 만들기 위해서는
아이 주변을 맴돌기보다 자기 생활을 갖는 것도
중요합니다.

을 미쳤다고 생각합니다. 부부가 서로를 배려하는 모습을 보고 자란 아이들은, 그 태도를 자연스럽게 받아들이며 성장했으니까요.

또 남편이나 저는 아이들에게 무턱대고 화를 낸 기억이 없습니다. 말도 함부로 하지 않았습니다. 부모 자식 사이이지만 서로 장난칠 때를 제외하고는 언제나 존중의 언어를 썼습니다.

한 번은 아들이 친구 집에 놀러 갔는데 친구가 자기 아버지에게 반말로 말하는 모습을 보고는 충격을 받았다고 이야기한 적이 있습니다. 우리 집에서는 부모님께 그렇게 말하는 것이 상상도 되지 않았기 때문입니다. 부모로서 우리는 아이들을 존중하고, 아이들도 부모를 존중하는 환경을 만들었습니다.

결국, 가족의 정은 어려서부터 쌓아온 사랑과 존중의 경험이 굳건하게 만들어줍니다. 그래서 아이들에게 이런 환경을 제공해주는 것이 부모로서 해야 할 가장 중요한 일이라고 믿습니다.

우리 부부는 아이들이 원만하고 평범하게 살아가는 삶을 가장 이상적인 육아의 목표로 여겼습니다. 특별히 뛰어난 사람이 되기보다는 행복하고 안정된 삶을 살도록 하는 것이 더 중요하다고 믿었죠. 그렇기에 아이들에게 먼저 부모가 행복하고 안정되게 살고 있는 모습을 보여주려고 했습니다.

미국에서 유명한 대학의 교수라는 타이틀보다 더 중요한 것은 내 아이의 행복입니다. 아이가 자신의 길을 걷도록 우리 부부가 해준 것은 크게 없을 수 있지만 그래도 화목한 가정에서 정서적으로 안정을 느끼도록 해준 것이야말로 가장 큰 지원이지 않을까요?

칼럼

왜 아이를 그냥 두면 불안한 엄마가 많을까

나이가 들어가니 내가 그동안 이 사회에서 받은 혜택을 조금이라도 돌려주고 싶다는 마음이 들었고 그 연장선상에서 힘들어하는 젊은 세대에게 지혜를 전달해주면 좋지 않을까 하는 생각을 하게 되었습니다.

그래서 학부모와의 만남인 〈토크 콘서트〉도 시작한 것입니다. 〈토크 콘서트〉에서 만난 많은 어머니가 아이에게 빈둥댈 시간을 주면서 정서를 채워주어야 한다는 것과 같은 제 여러 육아 철학에 공감해주고 큰 도움이 되었다는 피드백을 해주었습니다.

그런데 〈토크 콘서트〉에 자주 참석하던 한 엄마가 어느 날 조심스럽게 다가와 이런 질문을 하더라고요. 그 엄마는 제가 말한 큰 원칙에 동의하는데 자신은 너무도 아이가 걱정되고 그냥 두면 안 될 것 같은 불안감에 시달린다면서 이건 어떻게 해야 할까 물어오시더라고요.

불안한 엄마는
자신의 불안감부터 인정하세요

상황을 잘 모르고 어설프게 어떤 조언을 하면 안 될 것 같은 마음에 그분과 카페에 가서 이야기를 좀 더 나누었습니다.

그 엄마는 자신의 엄마는 이른바 헬리콥터맘이었다고 했습니다. 아주 어려서부터 어떤 친구와 사귀어야 하는지, 학원은 어디를 다니고, 매일매일 잠들기 전에 문제집은 몇 페이지를 풀어야 하는지 일일이 정해주는 통제형 엄마였던 거지요. 그런 엄마가 부담스럽고 때로는 너무 힘들어 엇나가고 싶은 마음도 있었으나 그래도 엄마가 자신을 사랑해서 그런 거고, 또 엄마의 관리로 공부도 곧잘 할 수 있어 큰 문제 없이 대학을 가고 지금까지도 잘살 수 있다고 여겼습니다.

뿌리 깊게 내재된 원부모의 양육방식은 자신의 아이를 키우는 데도 영향을 미쳤습니다. 그래서 첫째인 큰딸도 같은 방식으로 큰 무리 없이 키웠습니다. 그런데 둘째인 아들은 엄마의 통제에 강하게 반발하면서 자기 일은 자기가 알아서 하겠다고 선언했다고 합니다. 그런데도 아들을 그냥 두면 안 될 것 같은 불안감에 계속 잔소리를 하게 되었고 그 결과 지금 둘 사이가 아주 나빠졌다고 했습니다.

본인도 '아들을 내버려두자, 때가 되면 알아서 할 수 있다'라고 되뇌었지만 아들만 보면 저절로 불안한 마음에 잔소리가 나온다면서 마지막에는 거의 흐느끼듯 말하더군요.

저는 그 엄마에게 자신의 마음을 들여다보고 불안감을 알아챈 것만으로도 큰 진전이라고 말했습니다. 그런 다음 행동 변화는 쉽지 않겠지만 일단 엄마의 마음을 아들에게 전하는 것부터 시작하면 좋겠다고 말했습니다.

엄마의 말이 아들에게는 전혀 조언으로 들리지 않고 오히려 비난으로 여겨지는 상태이니 엄마의 불완전함을, 약함을 아들에게 솔직히 말하는 것을 두려워하지 말라고 했습니다. 엄마의 말이 비난이 아님을 적극적으로 해명해야 한다고도 했고요. 그리고 지적하기보다는 칭찬을 더 많이 해주라고도 했습니다.

그런데 칭찬샌드위치 기법은
정말 효과가 있을까요

한때 '칭찬은 고래도 춤추게 한다'는 말이 대유행했습니다. 이 말은 사람은 지적보다는 칭찬을 들었을 때 동기부여를 받아 일을 더 잘해낸다는 의미입니다. 당연히 칭찬은 중요하지요. 우리는 모두 사랑받고 인정받기 위해 이 세상에 온 존재들이고 칭찬으로 얼마나 큰 힘을 얻는지 아주 어려서부터 경험으로 알 수 있으니까요.

하지만 아이를 키우다 보면 칭찬만으로는 해결되지 않는 부분이 생깁니다. 사회적 규칙을 알려주고 좋은 습관을 들여주기 위해서는 여러 차례 명확하고 즉각적으로 행동 개선을 지적해야 하죠.

그런데 이를 어떻게 잔소리가 아닌 훈육으로 전달할 수 있을까요?

그러면서 여러 가지 대화 기법 중에서 '칭찬샌드위치'가 주목을 받게 되었습니다. 칭찬샌드위치는 누군가에게 지적이나 조언을 해야 할 때 마치 샌드위치처럼 칭찬-조언-칭찬으로 대화를 쌓아나가는 것을 말합니다. 칭찬을 먼저 하면 상대의 마음이 열리면서 조언을 더 긍정적으로 받아들이고 마지막으로 부드럽게 칭찬을 덧붙이면 격려를 전달할 수 있다는 거죠.

그런데 아이들은 아무리 칭찬으로 포장해도 엄마의 목소리와 태도로 이 대화의 핵심이 무엇인지 기가 막히게 알아차린다고 합니다. 조언이 중점이 되면 당연히 칭찬의 효과가 반감될 수밖에 없습니다.

그러니 칭찬을 더 구체적으로, 더 진심을 담아서 해야 합니다. 무엇보다 칭찬거리를 적극적으로 찾아내려고 하다 보면 엄마가 불안해하며 잔소리하려던 부분도 다른 관점으로 볼 수 있습니다.

오늘부터 제대로 된 칭찬샌드위치 기법을 활용하기 위해 우리 아이의 좋은 점부터 살펴보세요.

02

대화와 소통이 있는 가정

아버지와의
논리 확장 대화가
생각의 폭을 키우다

남편은 두 아이가 초등학교에 다닐 때는 너무 일이 바빠서 가족과 함께하는 시간이 정말로 부족했습니다. 주말 중에서도 일요일에 아침밥 먹으면서 같이 얘기할 때만 아이들이 아빠를 좀 여유를 가지고 볼 수 있을 정도였지요. 그래서 아이들이 초등학교 때까지는 아빠가 하는 역할이 별로 없었던 것 같습니다.

그러다가 대전으로 이사 가고 둘째가 중학교를 다니면서부터는 아이들이 좀 커서 말을 알아듣고 대화가 통하게 되니 아빠가 아이들과의 대화를 중요하게 여기면서 삶의 우선순위를 바꾸더라고요. 그때부터 주중에도 자주 식사를 같이했고 특히 주말 아침이면 식탁에 앉아서 아침밥을 한 9시부터 먹는다면 디저트에 과일까지 이어서 즐기면서 거의 11시 반, 12시 가까이가 되도록 2~3시간 동안 아이들과 이야기를 나누었습니다.

아이와의 대화를 위해
골프를 그만둔 남편

   가족의 주말 대화 시간에 나누는 이야기는 일방적인 훈계와 당부, 교육적이거나 교훈적인 말이 아니었습니다. 주제와 내용의 한계 없이 어떤 화두가 나오면 서로 주거니 받거니 애들 생각을 아빠가 들어주고 아이들도 아빠의 생각을 들어주었습니다.
   플라톤 철학, 한니발 이야기, 종교개혁뿐 아니라 바이메탈 신호등이나 온도계가 어떻게 작용하는지 등 그야말로 전방위적인 주제를 아이들 눈높이에 맞추어서 대화를 하니 아이들이 굉장히 재미있어했고 모르든 알든 아이들도 막 질문을 하는 시간이었어요.
   예를 들어 당시 뉴스에 연쇄살인범 이야기가 나왔다고 한다면 화두는 누구든 제기할 수 있으니 아이든 아빠든 누구라도 그 사람에 대해 어떻게 생각하느냐고 묻는 거예요. 그 사람의 도덕성이나 행동 패턴 등을 이야기하면서 서로의 생각이나 관점을 나누고는 했습니다.
   딸은 어려서부터 책을 많이 읽어서 그런지 잡다하게 아는 게 많았습니다. 명확하지는 않지만 두루뭉술하더라도 자신의 견해를 이야기하고 주장도 펼칠 수 있었죠.

아들은 책을 많이 읽지는 않았다고 했잖아요. 주로 과학적으로 따지고 들기를 좋아했는데 이 시간을 통해 여러 주제에 대해 다른 사람의 견해를 들으면서 어느 정도 상식뿐 아니라 철학적으로도 균형을 잡을 수 있었지 않았나 싶습니다.

매주 일요일 아침 아이들과의 대화 시간을 내기 위해 남편은 골프를 끊었습니다. 골프 무용론도 있는데 당시에는 골프를 해야 업무적으로든 사업적으로든 성공할 수 있다는 이야기가 많았던 때였습니다. 그래서 주말에 골프를 조금씩 치던 남편이 어느 순간 딱 끊고는 아이들하고 앉아서 학교 친구 얘기부터 사소한 일상생활 문제까지 시시콜콜 대화를 나누었지요.

또 주말마다 아이들하고 같이 자전거, 인라인스케이트를 타거나 영화도 보았습니다. 가족 밴드도 만들었고요.

특히 영화 한 편을 보면 며칠 동안 논쟁을 벌였습니다. '너는 이 영화의 주제가 무엇이라고 생각해', '그 장면에 숨은 의도가 있지는 않을까' 하고 저나 아빠가 질문을 하고 애들도 의문 나는 점을 물었습니다.

그런 식으로 대화하는 시간이 많아지니 가족이 서로를 이해하는 길이 놓인 것 같아요. 왜 아이들이 성장하면서 어느 순간 부모와 자식의 관계가 좀 어색하고 어려워지잖아요. 그런데 대화를 하면서 이해의 폭이 넓어지고 정도 더 많이 쌓인 거 같습니다.

아들은 나중에 언론 인터뷰를 할 때 이 시간을 통해 끊임없이 뭔가

우리 가족은 함께
많은 시간을 보냈습니다.

를 분석적으로 사고하고, 깊이 있게 내용을 보려고 하는 습관이 들여졌다고 이야기하더라고요. 또 자신이 보지 못한 것도 이해하게 되고, 자신이 생각한 것을 말로 표현해내는 연습도 되었다고 했습니다.

주입식이 아니라
모두가 참여하는 대화

우리 남편의 대화법에 장점이 있어요. 자신의 생각을 주입하려고 하지 않는다는 점이에요. 어떤 사건에 대해 사회적인 통념은 있을 수 있지만 그렇다고 소수 의견을 무시해서는 안 된다고 여겨요. 모든 의견이 다 존중받아야 한다고 생각하는 거죠. 그래서 가족 대화에 막힘이 없었어요. 부모가 어떤 생각을 강요하는 순간, 아이들은 더 이상 솔직해지지 않고 대화의 자리 자체가 사라지잖아요.

우리 남편은 다른 사람들에게서 대화를 끌어내는 능력이 탁월합니다. 아이들과 대화하면서도 전혀 생각지도 못했던 '근본적인 개념이 무엇인 거 같아', '문제의 핵심이 무엇일까' 하고 다르게 보도록 툭툭 건드려주니까 그게 아이들의 사고력 확장에 좋은 영향을 미쳤던 것 같습니다.

대부분 아빠가 먼저 화두를 던지는데 특별한 건 없어요. 다만 '너 이번 시험에서 몇 등을 했냐?' 같은 말은 한 번도 꺼내본 적이 없어요. 그냥 뭐 '요새 어떻게 지내냐?', '너 뭐 재미있는 게 있느냐?' 이렇게 시작해서 여러 주제로 대화를 이끌어 갑니다.

때로는 역사가 주제가 되기도 해요. 예를 들어서 당시 이성계가 나오는 역사 드라마가 인기가 있었다고 한다면 '이성계가 누군지 아느냐?' 이러면서 시작하는 거예요. 사실 우리 남편은 역사광이라서 역사 이야기를 하면 흥이 나는 듯해요. 아는 것도 많고요. 이성계라는 인물을 놓고 마치 옛날이야기를 하듯이 죽 보따리를 풀어놓죠.

그렇다고 혼자서 강의하듯 늘어놓는 식은 아니에요. 아이들의 참여를 유도하죠. 아이들이 아는 지식을 한두 가지씩 이야기하도록 하고 또 역사적 사건에 대해 어떻게 생각하는지 자신의 생각과 견해를 말하게 하는 식이에요.

그러고 보니 옛날에 〈매트릭스〉 1편이 처음 나왔을 때가 생각나네요. 그 영화가 상징적인 의미가 많아 굉장히 난해하고 어렵잖아요. 영화관에서 온 가족이 다 같이 보고 나서 카페에 갔어요. 그날 그야말로 열띤 토론이 벌어졌지요. '영화에 나온 그게 무슨 의미라고 생각하니'부터 시작해서 과학적인 이야기까지 다들 할 말이 참 많았죠. 〈매트릭스〉에 나오는 캐릭터 이름들조차 트리니티, 네오잖아요. 그렇게 《성경》 이야기와 맞물리고 과학적으로도 뛰어난 상상력이 발휘되어 있잖아요.

우리 아이들은 가족끼리 대화를 많이 하고 어렸을 때부터 자신들의 논리로 아빠를 설득하기 위한 노력을 끊임없이 이어왔기 때문에 말발로 지거나 말실수를 한 적이 거의 없는 것 같아요. 이것 역시 부모가 가정에서 길러줄 수 있는 사회성이라고 생각합니다.

엄마와 함께하는 식탁 대화가 공부의 질을 높이다

중학교 때 어느 날, 아들이 중간고사 성적표가 나왔다며 가져와서는 내밀었습니다. 한창 저녁을 준비하다가는 그 말을 듣고 얼른 손을 닦은 다음 아들이 내민 종이를 받아들었습니다. 이번에도 어김없이 1등 성적표였습니다. 뭐 이런 성적표를 받고 미소가 지어지지 않을 학부모는 없을 테지요. 매번 놓치지 않고 1등을 해주는 아이가 정말 대견했습니다. 엄마의 미소를 보고는 아이도 빙그레 웃어 보였습니다.

그러더니 식탁에 앉아서는 그날 학교에서 있었던 일을 이야기했습니다. 성적표를 다 받고 선생님이 나가자마자 반 아이들이 아들을 둘러싸고는 묻더라는 겁니다.

"야, 너 또 1등이냐. 넌 도대체 어떻게 공부를 잘하는 거냐? 비결이 있으면 우리한테도 좀 알려줘 봐라."

아들은 친구들의 부러움 반, 비난 반 이야기를 듣고는 뭐라 대답을 해야 할지 몰라서 그저 얼버무리고 말았다고 했습니다. 그런데 다른 때와는 달리 이번에는 집으로 돌아오는 길에 곰곰이 생각해보았다고 하더군요. 다들 공부를 열심히 하는데 자신이 계속해서 좋은 성적을 받을 수 있는 이유가 무엇인지, 친구들과 다른 것이 무엇인지 반추해본 겁니다. 그러다 아들은 하나의 일화를 이야기하며 자신만의 차별점을 짚어냈습니다.

가르쳐주는 대신
생각해보게 하기

아들은 초등학생 때 엄마가 식사 준비를 하는 동안 식탁에 앉아서 곧잘 문제집을 풀었는데 한번은 이런 문제가 나왔다고 했습니다.

농장에 돼지랑 닭이 20마리가 있다.
다리의 개수를 다 더하면 64개인데
돼지가 몇 마리이고 닭은 몇 마리인가?

그때 아들은 머리를 긁적이며 엄마에게 '이거 어떻게 풀어야 해?' 하고 물었답니다. 그런데 엄마인 제가 오히려 되묻더라는 거예요.

"글쎄, 어떻게 풀어야 할까? 다 돼지면 다리가 몇 개인데?"

그래서 아들이 열심히 생각했다고 해요.

'닭은 한 마리도 없고 돼지만 20마리 있다면 돼지는 다리가 4개니까 총 다리 개수는 80개로 너무 많다. 그러니까 돼지 한 마리 빼고 닭을 한 마리 넣어 생각해보면 돼지 19마리에 닭이 한 마리니까 다리가 2개가 줄어드네. 그러니까 다리가 80개가 아니라 78개. 64개가 되려면 이렇게 몇 번을 빼야 할까? 2개씩 줄어드니 여덟 번을 빼면 되네.'

"엄마, 답은 돼지가 12마리에 닭은 8마리야."

이렇게 답을 냈더니 저의 폭풍 칭찬이 뒤따랐다고 하더군요.

"어머어머, 너 어쩜 그렇게 문제를 잘 푸니."

"에이 뭘요, 그냥 간단한 문제인데요."

그때는 멋쩍어서 그냥 이렇게 대답하고 말았는데 아들은 되돌아서 생각해보니 그런 순간순간이 자신의 사고력을 굉장히 발전시켰다고 했습니다.

아들은 당시 중학교 선행학습을 했다면 연립방정식으로 아주 간단하게 풀 수 있는 문제였고 실제로 선행학습을 한 친구는 연립방정식으로 풀었다고 했습니다. 아들이 문제 풀이 방법을 그 친구에게 설명하자 대번에 친구가 이렇게 말한 거죠.

"야, 너 그렇게 푸는 거 아니야. 이거 돼지를 x라고 두고 닭을 y라고 두고 푸는 거야. 그래야 빠르고 쉬워."

그런데 중학교에 들어와서 보니까 그 친구는 수학에 관심이 없고 잘 못하더라는 거예요. 재미없다고 하고요. 아들은 초등학교 때 자신만의 방법을 고안하고 남과 다르게 풀고 싶다는 열망을 인식했다고 했습니다. 그렇게 원리를 파고드니 하면 할수록 수학 공부가 재미있었고요.

돼지 한 마리를 빼고 닭을 한 마리 넣는다는 건 어떻게 보면 '미분 개념'과 관련 있는데 변화량 하나가 변했을 때, 즉 기울기가 달라졌을 때 다른 것이 어떻게 연동되는지가 그때 아들의 머릿속에서 정리가 되었던 거죠. 경제학으로 가면 이게 또 '한계의 원리'가 됩니다. 우리가 제품을 하나 더 생산했을 때 이익이 얼마나 나오느냐 그런 논리적 사고방식을 아들은 자연스럽게 깨달은 거죠.

아들은 그런 면에서 엄마에게 스스로 탐색할 수 있게끔 시간을 주신 것에 감사한다고 말하더군요.

학생이 되어
아들의 강의 들어주기

아들은 중학교 때 엄마가 학교 선생님, 그것도 과학 선생님인데 자기와 시험공부를 한 번도 함께해주지 않는다고 되게 억울하게 생각했습니다. 특히 친구들이 전부 '너네 엄마가 과학 선생님이니까 네가 과학을 잘하는 거지' 하고 말하기도 하니 더했죠.

하지만 엄마가 지켜 앉아서 문제집 몇 장 했는지 확인하고, 답지와 대조해가며 채점을 해주고, 모른다고 하는 거 설명해주는 건 자기 공부가 되지 않습니다. 부모는 공부할 환경을 만들어주고 그다음은 아이의 능력으로 해내야 한다는 게 제 생각입니다.

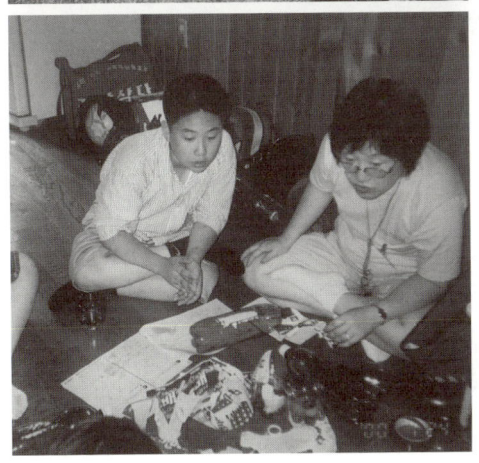

제가 다니는 학교에서 열린 여름과학캠프를
아들과 함께 참여했습니다.
(위) 학생들과 함께하는 물 로켓 발사 실험

그런데요, 사실 저는 아들 기억과는 다르게 아들 공부를 꽤 많이 도와주었던 것도 같습니다. 아들은 제가 저녁 준비를 할 때마다 식탁에 앉아서는 저에게 자기가 배웠는데 재미있었던 것을 잘도 설명해주었습니다. 제가 너무 어렵다고 하면 다른 논리 방식으로 그럴듯하게 바꾸어서 다시 이야기를 해주었고요.

이때 제가 열심히 추임새를 넣으니까 아이는 더 신나서 강의를 하더라고요. 제 생각에는 아들은 그러면서 머릿속에 차곡차곡 정보를 정리해 기억해놓은 것 같습니다. 왜 대학 입학 시험에서 만점 받은 학생들이 인터뷰할 때마다 단골로 하는 이야기도 있잖아요.

"그냥 문제와 답을 외워서는 안 된다. 남에게 설명할 수 있을 만큼 자신의 것으로 소화해내야 한다."

개념 이해가 잘 안 되는 것도 '엄마, 한 번 들어봐' 하면서 저한테 설명하면서 정리한 것 아닐까요. 그러니 제가 아들 공부를 많이 도와준 게 맞지 않나요?

그리고 보니 아들은 식탁에서 엉뚱한 이야기도 자주 했습니다. 한 번은 온 가족을 속이기도 했는데, 정말 그럴듯하게 이야기를 꾸며내더라고요. 예를 들어, 갈치가 헤엄치는 모습을 이야기했는데 몸을 흔들면서 '갈치는 수직으로 서서 이렇게 이렇게 헤엄을 친다'라고 하더라고요. 꾸며내는 논리가 너무 탄탄해서 그 말을 들었을 때는 가족들이 다 잠시 믿기도 했어요.

저는 그런 상상력과 논리적 사고력을 가지고 있는 아들이 독특해 보였고 '이 아이는 참 신기하다'는 생각도 자주 했습니다.

아빠의 세뱃글은
힘이 세다

우리나라는 설날이 되면 아이들이 한복을 곱게 차려입고 어른들에게 세배를 하잖아요. 남편과 저는 세배하는 게 정말 아름다운 풍속이라고 생각합니다. 유네스코 세계문화유산이 될 만큼 귀중한 풍습이에요. 어르신들을 찾아가 건강하시라고 절을 하고, 그러면 어르신들도 올 한 해 너희도 건강하라고 덕담을 건네거나 좀 배우신 분들은 좋은 글귀를 써서 주었습니다. 그런데 언젠가부터 아이들에게 덕담 대신 세뱃돈을 주게 되었잖아요. 남편이 열심히 문헌을 찾아보았는데 원래 세뱃돈 주는 것은 우리나라에 없는 문화라고 합니다.

그래서 우리 남편은 아이들이 글자를 읽을 수 있게 된 시점부터 글을 써주었습니다. 우리끼리는 이걸 '세뱃글'이라고 부르는데, 초등학교 때부터 성인이 되었을 때까지 매년 빠짐없이 써주었죠.

아빠의 세뱃글은
아이의 자존감에 영향력이 큽니다

딸아이한테 하는 말, 아들한테 하는 말을 설 전에 남편이 곰곰이 생각해서 써놓아요. 주로 축복해주는 내용이었습니다. A4 용지 한두 장 정도로 아주 진솔하게 써주는 거죠.

우리 아이들은 세뱃돈보다 아빠가 주는 세뱃글을 더 기대했습니다. 세배를 하고 나서 올해는 아빠가 어떤 내용을 써주었는지 궁금해하며 글을 받자마자 돌아앉아요. 그러고는 한참을, 두세 번씩 읽으면서 아빠가 자기한테 하고 싶은 이야기를 되새기는 거예요.

아이들이 결혼해서 따로 살 때도 새벽부터 이메일로 세뱃글을 매년 빼먹지 않고 써서 보냈습니다.

그런데 아이들이 커가면서 남편의 세뱃글 고민 역시 커가는 것 같더라고요. 사실 너무 어렵죠. 이제 우리 딸도 결혼해서 아이를 키우고 있고 아들은 대학교수 아닙니까? 걔들한테 건강해라, 행복해라, 이렇게만 쓸 수는 없잖아요. 애들이 초등학교 다닐 때, 중학교 다닐 때, 고등학교 다닐 때, 대학에서 공부하고 졸업해서 완전히 성인이 되었을 때

새해 아침이 되면 온가족이
새배를 하고 덕담을 나눕니다.

그때그때 수준에 맞게 써주어야 하는데 그게 쉬운 일이 아니더라고요. 옆에서 보는데 남편은 아이들이 대학교에 들어가면서부터는 세뱃글 고민을 정말 많이 했습니다.

그러다 딸이 낳은 아이들이 글을 읽을 나이가 되자 남편은 이제 너희도 부모가 되었으니 네 아이에게 세뱃글을 써주라고 하면서 세뱃글을 그만 쓰겠다고 선언했어요. 하지만 아들과 딸은 여전히 가끔이라도 세뱃글을 써달라고 부탁하더라고요. 다 컸지만 아버지가 자신을 생각하면서 한 글자 한 글자 써내려 간 세뱃글을 읽으면 자신도 지난 한 해를 돌아보고 올해의 각오를 다질 수 있다고요.

제 생각에 부모한테 인정받았다는 것이 아이들한테는 굉장히 중요한 것 같아요. 그게 안정감을 주고 자존감을 키워주는 거죠. 스스로는 생각하지 못했는데 아버지가 자신의 어떤 점을 말해주는 게 크게 와닿는 것 같아요. '네가 작년에도 열심히 연구하는 모습을 보여준 것이 너무너무 자랑스러웠다' 그러면 아버지가 이런 것까지 다 알고 계신다고 뿌듯해하는 것 같더라고요.

아버지가 나한테 하는 말, 그게 아이들한테 굉장히 강하게 다가가는 것 같아요. 세뱃글은 생각보다 영향력이 커요.

2010년 세뱃글

아버지는 서경의 편이 아니라, 팬이기 때문이다

서경,
어김없이 새해가 또 찾아왔다.
세월이 갈수록 새해가 더 빨리 찾아오는 것 같은 느낌이 드는 것은, 그만큼 가는 세월이 갈수록 아쉬워서이겠지. 거기에 우리 서경이도 이만큼 컸으니, 어느 날 훌쩍 부모 곁을 떠나가는 것은 아닐까 하는 두려움도 스며 있지는 않을까.
1년 새 우리 서경이는 정말로 훌쩍 커버렸다. 어디서 보아도 어엿한 숙녀요, 성인이 되어버렸다. 아름답고 당당한 어른이 되었구나.
맞아.
우리 서경이는 너무도 의젓한 성인이 되었어.
저 예쁜 얼굴 좀 보아. 얼마나 의젓한가. 대견스럽다.
서경, 사회에 첫발 딛는 올해, 여러 걱정이 앞설 것이라 생각된다. 사회가 냉정한 곳이기는 하다. 이미 스스로의 책임하에 이 세상을 헤쳐나갈 충분한 나이가 되었지만 이제까지 맞닥뜨리지 못한 새로운 도전들이 기다리고 있을 것이다.
그러나 걱정하지 마라.

너의 어떤 결정이 내려지기까지 아버지도 조언을 하겠지만, 일단 결론이 나오면 100퍼센트 서경을 믿고 너의 결정을 지지해 줄 것이다.

아버지가 도움이 될 수만 있다면 무엇을 가리겠느냐. 아버지가 가지고 있는 모든 것을 너에게 쏟아부어 줄 것이다.

아버지는 서경의 편이 아니라, 팬이기 때문이다.

자신있게 그리고 책임감 있게 새해를 설계해보거라.

너에게 앞으로의 세상은 지금보다 더 넓어질 것이다.

너의 시야가 그만큼 커졌으므로.

세상은 너에게 더 많은 것을 요구할 것이다.

네가 그만큼 더 해낼 수 있게 되었으므로.

세상은 너에게 더 차가운 시선으로 다가올 것이다.

네가 그만큼 실수를 해서는 안 된다는 것을 알고 있으므로.

그리고 세상은 더 좋은 것을 너에게 줄 것이다.

네가 한 일이 더 많아졌으므로.

사회 초년생.

아직 미숙하다고 말하는 사람도 있겠지만, 너의 눈빛은 이미 능숙한 사람의 그것이고, 아직 배울 것이 많다고 말하는 사람도 있겠지만, 너에게 가르쳐달라는 사람도 늘어날 것이다. 부족한 것도 많겠지만, 네가 베풀 것도 많다.

아버지의 경험으로 볼 때, 서경에게 세상은 지금부터가 살맛나는 시기이다.

그러니 네 마음껏, 힘껏, 멋지게, 유감없이, 거리낄 것 없이 후회없는 한 해를 보낼 수 있도록 온 힘을 다해 재미있게 살아보거라.

그리고 마지막 한마디,

가능한 한 베풀고 살거라.

내 딸 서경이, 사랑한다.

2010년 새해 첫날에,
아버지가

2020년 세뱃글

공(公)이 사(私)요, 사(私)가 공(公)

보고 싶은 순원과 아람 내외에게,
또 새해가 밝았구나. 순원, 아람이 올 한 해도 건강하고 너희들이 목표하는 바가 꼭 성취되기를 기원한다. 금년에는 너희들 가정에 무슨 큰일이 벌어질 것만 같은 예감이다. 아주 좋은 일이 말이다.
순원이의 보기 좋은 얼굴에서, 아람이의 반짝거리는 눈빛에서 그런 기운이 뻗어 나오는 것 같은 느낌이다. 너희들에게 좋은 일이 있을 것이다.
예전에 아버지가 어떤 선배에게 들은 말인데, 사람이 운이 열리려면 얼굴에서 먼저 나타난다고 하셨다. 좋은 운이 열리는 사람의 얼굴은 선해지고, 넉넉해지면서 편안한 느낌이 오는데, 나쁜 운이 닥칠 사람은 눈이 무서워지고, 조급하며, 사기 어린 표정이 느껴진다는 것이었다. 이 말을 거꾸로 하면 얼굴을 선하게 하고 넉넉한 마음을 가지며 편안하고 긍정적인 생각을 하면 좋은 운이 열린다고 해석해도 좋으리라고 생각한다. 순원과 아람에게 하늘의 축복이 있기를 기원한다.
설날 세뱃글을 쓰다 보니 문득 너희들에게 아직도 세뱃글을 써준다는 것이 맞는가 하는 생각이 들었다. 순원이는 이제 어엿한 학계의 어른으로 성장하고 있고, 아람이도 의젓한 학자로 자리 잡은 성인인데, 여전히 너희들에게 세뱃글을 써준다는 것이 부모의 노파심이 아닌가 하는 생각이 들더구나.

돌이켜보면 순원에게 세뱃글을 써주기 시작한 것이 정확히 기억나지는 않지만, 거의 20년이 되어가지 않을까? 순원이 중학교 들어갈 즈음에 써주기 시작한 것 같으니 말이다.

세뱃글을 써주면서 매해 순원이 건강하게 잘 커주기를 바라는 마음이었고, 행여 무슨 좋지 않은 일이라도 생기면 안 된다 싶어 신년운세와 토정비결까지 보고 나서 세뱃글을 써주었던 기억이 아직도 새롭기만 하다.

어느덧 20년이 지나 이제는 순원이가 박사가 되고, 대학교수를 바라보고 있는 나이인데 새삼 설날마다 세뱃글로 너희들을 훈도한다는 것이 더 이상 부모의 노파심 아니면 주책이 아닐까 싶기도 하다. 너희들에게 무슨 충고나 조언을 한다기보다 오히려 너희들이 아버지와 어머니를 걱정하며 주의를 줄 나이가 서서히 다가오지 않는가 하는 생각마저 든다.

세뱃글은 아버지가 우리나라에서도 처음으로 '세뱃글'이라는 것을 부활시켜 자녀들에게 실천한 사람인 것 같고, 이 아름다운 풍속이 우리 가정만이 아니라 우리나라의 품격 있는 설 문화로 자리 잡기를 바라고 있으나 부자지간에도 도를 넘어서는 안 되겠지.

하지만 '어른이 되었어도 너는 내 딸이니까' 하는 서경이 누나처럼 순원이와 아람이도 언제까지라도 귀엽기만 한 내 아들, 내 며느리라는 사실을 잊지 말아주었으면 좋겠다. 순원이 해외 가서 무엇을 이루고 왔다면 100점 맞은 아이처럼 대견하고, 아람이가 연구소에서 평판이 좋으면 공연히 가슴이 두근거리는 것이 부모의 마음이라는 것을 잊지 말아라.

너희들은 너희들을 자나 깨나 늘 자랑으로 생각하면서 잘되기만을 바라는 눈먼 부모가 곁에 있다는 것을 한시도 잊지 말기를 바란다. 그래서 아버지는 손에 펜을 잡을 수만 있다면 언제까지라도 새해 첫날에 너희들에게 축복의 글을 써주고 싶구나.

순원이 그리고 사랑하는 아람아, 새해에도 작년에 보여주었던 그 자랑스런 모습을 한층 더 업그레이드시켜 보여주었으면 좋겠다. 너희들이 더욱 성장하는 모습, 사회에서 우뚝 서서 우리의 미래를 열어가는 모습을 아버지는 늘 바라며 그리고 있단다. 경자년 올 한 해는 국가적으로도 너희 가정적으로도 여러 가지 변화가 있을 해일지 모르겠다. 성숙하고 책임 있는 성인으로, 무겁고 사려 깊은 마음가짐으로 한 해를 보내기 바란다.

언젠가 선배님이 한 말씀이 기억에 남아 있다.

"공(公)이 사(私)요, 사(私)가 공(公)이다."
아버지가 나이 들어 새길수록 진리라는 생각이 드는 말이다. 사도 공처럼 매사 조심해서 살아야 한다는 말씀으로 간직하거라. 순원과 아람, 무엇보다 건강해야 한다. 건강하기 위해서는 몸을 무리하지 말고 마음을 평화롭고 긍정적으로 생각하는 자세를 가져야 한다. 모쪼록 올 한 해 너희들이 원하는 소망이 모두 이루어지기를 기원한다.
사랑한다. 새해 복 많이 받아라.

2020년 1월 25일,
설날 아침에 아버지가

대화를 하지만
최종 선택은
아이가 하게 한다

아이를 키우면서 우리 집의 중요한 원칙 중 하나는 부모의 욕심이 아이보다 앞서서는 안 된다는 거였어요. 욕심을 가져도 아이의 수준에 맞는 욕심이어야 해요. 아니면 아이를 불행하게 만들 수 있으니까요. 고등학교 때 아들은 국제물리올림피아드에 나가서 상을 탔습니다. 그때 같이 팀을 한 아이들은 대부분 의대에 가서 지금 다들 의사가 돼 있어요. 우리 아들은 공대로 진학한 몇 안 되는 학생 중 한 명이었습니다.

다른 엄마들이 아들 의대 안 보낸 것 후회하지 않냐고 묻기도 하지만 저는 전혀 그렇지 않아요. 모두 아이가 좋아서 했던, 제 아이의 선택이었으니까요. 아들이 결과적으로 잘돼서 그런 거 아니냐고 반문하실 수도 있지만 앞에서도 말했지만 저는 아들이 제 옆에서 평범한 직장을 다녔어도 만족하고 행복했을 것 같아요.

우리 인생에서 모든 선택이 다 완벽할 수는 없고 때로는 순간의 선택으로 삶의 궤도가 많이 휘어지기도 하지만 그러면 또 새로운 길이 앞에 나타난다고 생각합니다. 열심히 자신의 길을 걷다가 뭐 잘 안 되었을 수도 있지만 그것 또한 인생이고 삶이잖아요. 그 속에서 최선을 다한다면 후회가 전혀 없을 수는 없으나 실패는 줄 거라고 여겨요. 그러니 인생의 순간순간 아이 뜻을 꺾어 부모의 마음대로 이리저리 끌어당기려고 하지 말아야 합니다. 아이의 삶에 매달리고 미련을 갖지 말아야 해요. 부모는 적절한 때 아이를 자신에게서 떼어내야 합니다.

엄마들은 자식이 하겠다는 대로 잘 밀어주면 되는 거 같아요. 세상의 길고 짧은 걸 아이들이 어렸을 때 재봐야 무슨 소용이 있겠습니까. 나중이 되어봐야지 알 수 있잖아요. 기다릴 줄 알아야 합니다.

부모 마음대로 방향을 틀어서 끌고 가놓고 잘 안 되면 나중에 그 원망이 누구에게로 향할까요? 그러니 아이가 좋아하는 길을 가도록 두어야 한다는 게 제 생각입니다.

세상이 달라지고 원하는 바도 달라지는데 그 가운데 우리가 가장 바라는 것은 아이의 행복이잖아요. 내 만족을 위해서 아이를 잡으면 안 된다, 아이들한테 스트레스 주면 안 된다는 생각으로 살았습니다.

결정은 본인이
부모는 도움만

저희 부부도 부모가 처음이라서 처음에는 많이 미숙했습니다. 그래서 큰애한테는 항상 좀 뭔가 미안한 마음이 있어요. 둘째는 시행착오를 해 가다듬고 키워서 쪼끔 낫지만 그래도 육아라는 게 그때그때 상황마다 다 제각각의 사정이란 게 생기잖아요. 특히 중학생이 되니까 아이의 인생을 결정해야 하는 여러 고민과 선택의 순간이 많아졌습니다. 하지만 그럴 때일수록 우리는 '아이가 결정하게 한다'는 원칙을 지켰습니다.

중학생이라면 어느 정도 알 것은 안다고 생각합니다. 그러니 모든 것을 본인이 다 선택해서 본인이 결정하고 책임도 본인이 지게 해야 해요. 아이의 인생을 부모가 대신 살아줄 것도 아니잖아요.

그러면 아이의 진로와 진학에서 부모가 해주어야 하는 역할은 무엇일까요?

최종적으로는 아이가 결정하지만 그전에 아이가 관심을 갖는 분야에 대해 아이와는 또 다른 관점에서 어른이 생각할 수 있는 다양한 정보들을 제공해주고 함께 각 정보의 장점과 단점을 대화를 통해 이야기해보는 기회를 충분히 가지면 됩니다.

그다음은 자기가 선택한 대로 자기 인생을 주관할 기회를 주는 게 중요해요. 아이들은 부모가 생각하는 것보다 훨씬 성숙하고 판단력이 있습니다. 잘할 수 있으니 아이를 믿으세요. 자기가 행복한 길을 선택하는 게 좋습니다. 앞으로의 세상은 우리가 생각할 수 없는 세상이에요. 뭘 해야 잘살지는 아직 아무도 모르잖아요. 계속 변하는데 어떤 한 직업을, 엄마의 생각을 밀어붙이는 것은 아닌 거 같아요.

다시 한번 말하지만 아이가 목표를 세우면 그 목표를 이룰 수 있게끔 도와주시는 것까지가 부모의 몫이에요. '하라, 하지 말라'는 아무 소용이 없어요. 자기 속에서 우러나서 해야 해요. 아이에게 자신감, 용기를 주세요. '너 잘하고 있어, 조금만 더 하면 돼' 이렇게 격려해주세요. "내가 보기에 너는 반드시 이쪽 길로 가야 한다고 엄마는 생각해."

이건 절대절대 아닌 것 같습니다.

그래도 아쉬운 부모의 마음

우리 집은 남편과 딸은 완전 인문계인데 저하고 아들은 또 자연계 쪽이에요. 딸은 책을 좋아했는데 저희 부부가 의도적으로 어떤 카테고리를 나누어 진로나 진학에서 강요한 것이 없습니다. 부모로서 자연스럽게 원하는 쪽으로 갈 수 있도록 도와만 주었는데 아이가 책을 더 사달라면 책 사주고, 영화 보러 가자고 하면 같이 갔어요. 딸의 외국어 고등학교 진학은 그야말로 물 흐르듯이 진행되었습니다.

아들은 중학교 때부터 과학을 좋아하고 잘했는데 어느 날 과학고등학교를 가겠다고 하는 거에요. 책은 좋아하지 않아서 그런지 이야기를 나누다 보면 기본 상식인데도 모르는 게 많아 논쟁에서 누나한테 이긴 적이 없어요. 이과적인 지식은 풍부했지만 그 외 부분에서는 부족한

게 많았죠. 그런데도 과학고등학교에 가겠다고 해서 걱정이 많이 되었습니다. 과학고등학교는 배우는 과목이 편중돼 있어서 인문학적인 소양을 키우는 데는 부족했기 때문이에요. 그래서 정말 오랫동안 여러 가지 장단점을 아이에게 알려주면서 이야기를 여러 차례 나누었어요.

그 모든 정보를 펼쳐 보여주었음에도 아들은 과학고등학교를 선택했고 결국 저희 부부도 아들의 결정을 존중해주었습니다.

저는 개인적으로 아이가 한 명 더 있어서 학교를 보낸다고 가정하면 과학고등학교는 보내고 싶지 않아요. 또 어린 시기에 피아노든 뭐든 악기를 하나 배우게 했으면 좋았겠다는 아쉬움이 있습니다. 저는 비록 악기를 다루지 못하지만, 악기를 연주할 줄 아는 사람이 멋있어 보이거든요. 그 사람의 인생은 얼마나 풍요로울까요.

아이들이 어렸을 때 우리 가족 전부가 피아노를 배운 적이 있습니다. 아이들뿐만 아니라 남편도 함께요. 비용적인 효율을 고려해 선생님을 집으로 초빙해 수업을 진행했는데 아이들이 별로 즐거워하지 않았고, 특히 남편은 수업 날마다 배가 아프다고 핑계를 대더군요. 결국 6개월도 되지 않아 그만두었습니다.

지금도 생각하면 참 아쉽습니다. 조금 더 고집을 부려 계속했으면 어땠을까 생각도 해봅니다.

대화가 잘되는 집안의
아이는 길을
스스로 찾아낸다

 가정에서 대화가 정말 중요한 이유는 부모와 아이가 서로의 마음과 생각을 알아가면서 기대치를 조금씩 조정해 맞추어갈 수 있기 때문이에요. 아이가 사춘기가 되면 집 안에 적막이 흐르고 나중에 진로를 결정해야 할 때가 되면 서로의 마음을 잘 모르니 자기 생각만 강요하게 되는 가정이 많은 것 같습니다.

 부모는 아이가 얼마나 컸는지 가늠이 안 되어서 마냥 아이로 보면서, 오랜 기간 살아본 경험에서 하는 부모의 말이 정답이라고 아이에

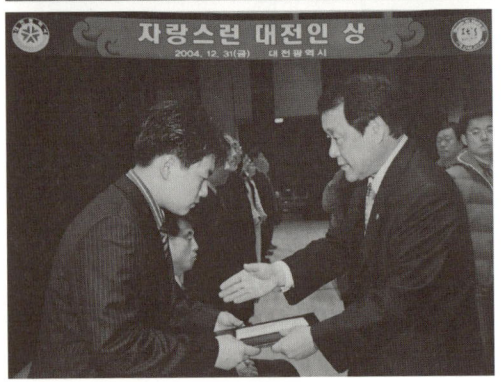

(위) 1999년 초등학교 졸업식 때 상을 받았습니다.
(아래) 국제물리올림피아드에서 금상을 수상해
대전의 명예를 드높여 '자랑스런 대전인 상'을 받았습니다.

게 윽박지릅니다. 아이는 아이대로 엄마 아빠가 자신에 대해 뭘 아느냐고 소리를 치고요. 그러면 아이도 부모도 행복해질 수가 없습니다.

아이가 일상을
이야기하게 만들기

대화는 '자, 이제부터 이야기를 한 번 해보자'라고 하며 아이를 붙들고 있다고 되는 게 아닌 것, 다들 잘 아시죠? 가정에서 대화가 잘되려면 아이가 무슨 말이든 할 수 있는 분위기와 잘 들어주는 부모가 있어야 합니다. 그런데 아이가 말만 하면 하나라도 더 알려주고 싶은 마음에 잘못된 점부터 지적하거나, 너는 왜 꼭 바쁜 이 시간에 말을 하냐며 아이 말에 귀 기울이지 않는다면 최악의 상황이 벌어집니다. 갈수록 서로 어긋나기만 하는 거죠.

제가 아는 어떤 부부의 이야기를 한번 해볼까 합니다.

이 부부는 둘 다 서울대학교를 나왔습니다. 그래서 자부심이 대단했죠. 그런데 어느 날, 아들이 대학을 안 가고 요리사가 되겠다고 선언했다고 합니다. 아이와 대화를 하면서 음식에 관심이 많은 것은 알고 있었으나 막상 그 말을 듣자 이 부모는 처음에는 너무 놀랐습니다. 당신들은 서울대학교를 나왔고 당연히 자기 자식들도 서울대학교는 아니더라도 대학은 다녀야 한다고만 생각했기에 아이를 설득하려 들었죠. 하지만 그동안 대화하면서 봐온 아이의 모습과 자신의 진로에 대해 똑 부러지게 설명하는 말을 듣고는 결국 그 아이가 요리학원에 다니는 걸 지지했다고 합니다. 그 아이는 지금 작은 식당을 운영하며 아주 행복하게 잘 지내고 있습니다.

이게 전부 평상시 대화의 힘입니다.

아이와 대화하면서
진로 탐색하기

우리 사회는 너무도 출세 지향적입니다. 사람을 직위와 자리로 평가하는 분위기 속에서 경쟁은 치열해지고, 때로는 원하는 자리를 차지하기 위해 지나치게 욕심을 부리거나 비열한 행동을 하는 경우도 생깁니다. 이런 분위기는 어쩌면 어릴 적부터 부모가 하는 '너는 커서 무엇이 되고 싶니?'라는 질문에서 시작되는 것이 아닐까 싶어요.

이 질문 대신 '너는 커서 어떤 일이 하고 싶니?'라고 묻는다면 어떨까요? 아이들이 장래 희망을 떠올릴 때 '무엇이 될지'보다 '어떤 일이 하고 싶은지'를 고민할 수 있도록 해주세요. 중요한 것은 '무엇이 되는 것'이 아니라, '어떤 일을 하면 기쁨과 보람을 느낄 수 있는지'를 스스로 찾아가는 과정입니다.

예를 들어, 대통령이 되는 것이 목표라면 단순히 그 자리를 차지하는 것이 끝이 아니라 대통령이 되어 어떤 일을 할지 생각해보게 하는 것입니다. 그럴 때 아이들은 자신의 재능을 살려 세상에 기여할 방법을 찾습니다.

그런데 좋아하는 것을 빨리, 잘 찾는 아이가 있는 반면에 좀 헷갈려

하는 아이도 있잖아요. 그럴 때 부모나 사회의 시선에서 선택하는 게 아니라 아이가 정말 좋아하는 것을 찾도록 도와야 합니다. 아이가 잘하는 것, 애정을 가지고 하는 것, 평상시 관심을 많이 보이며 시간을 들여서 하는 것 등을 충분히 따져 대화하면서 아이와 함께 진로 계획을 세워보세요. 이럴 때야말로 평상시 대화를 많이 해놓는 게 큰 힘을 발휘합니다.

지금 당장 아이가 학교에서 전 과목 1등급을 맞는 것에 연연해하지 마세요. 다 잘해야 대학 좋은 데 간다고 닦달할 필요도 없습니다. 뭐 하나라도 잘하고 좋아하는 게 있으면 그걸로 충분합니다.

우리 아들은 영어를 못했습니다. 책도 많이 안 읽었어요. 그런데 물리를 잘하고 좋아했습니다. 그러니까 미국 대학에 가서 물리를 공부할 수 있었던 거예요.

일단 자기가 좋아하는 것을 찾은 아이는 알아서 스스로 길을 찾습니다. 아이를 믿으세요. 어른이 이끌어주어야 한다고 생각하지만 그렇게 하면 아이 스스로가 열심히 해야겠다는 욕구를 만들어내지 못합니다. 학교 현장에서 봐도 자기가 좋아하는 것을 찾은 아이는 공부를 잘하든 못하든 뭐라도 해내더라고요.

아무리 영재라도
자기 길을 찾지 못하면 헤맵니다

제가 아는 사람 중에 한 분의 아들이 과학고등학교를 나왔습니다.

대학도 좋은 데 가서 학교를 잘 다녔는데 졸업하고 취직할 생각을 안 하고 아무것도 안 했다고 합니다. 부모의 욕심을 자신의 희망으로 착각하고 살아왔는데 막상 졸업하니 그다음 단계를 모르겠어서 막막해진 거죠.

아들이 그냥 집에만 있으니 답답해진 부모는 뭐라도 하라고 내몰았다고 하더라고요.

"너는 학력이 좋으니 뭐라도 할 수 있지 않니. 나가서 뭐라도 해서 네 용돈이라도 벌어 써라."

그래서 또 개인 과외를 몇 년 했다나 봐요. 아이들과 수업하는 생활만 하다 보니 나중에는 조직 생활이라는 것을 해보지 않아서 회사에 들어가는 것에 두려움이 더 커진 것 같더라고요. 과학고등학교에 명문대학교를 나왔는데도 그러고 있는 거예요.

그래서 걱정하던 주변 분이 '다른 사람과 대인관계를 맺으면서 조금 더 전공을 살려서 일해보면 좋겠다'면서 조그만 IT 회사에 소개해주었습니다.

그는 처음에는 굉장히 힘들어하더니, 지금은 회사 사람들과 대화도 많이 하면서 잘 적응하고 나름 회사에서 인정을 받고 있습니다. 그러면서 자신의 능력을 발휘해 뭔가 새로운 제품을 하나 만들어보겠다고 각오를 다진다는 거예요. 다음 번에는 더 좋은 회사로 옮겨보겠다는 도전정신도 생겼다고 하고요.

자기가 뭘 해야 할지를 모르는 사람이 길을 찾으니까 오히려 더 열심히 일하게 되는 것 같아요. 능력을 발휘해 좋은 성과를 내니 주변 사람에게 인정받고 자신감이 생기는 것이지요.

  결국 가장 중요한 것은 아이의 행복입니다. 아이가 공부 잘해서 의대에 가는 것보다 순간순간 행복하게 만족한 삶을 살 수 있게 해주는 게 부모의 역할이 아닐까 생각합니다. 그렇게 하려면 대화를 통해 아이를 깊이 이해하셔야 합니다.

칼럼

결국 말본새가
자기 운명을 결정짓는다

저는 1970년대 중·고등학교를 다녔는데 그때는 매일매일 새벽같이 일어나서 버스를 타고 학교에 가야 했습니다. 교과서도 무조건 다 들고 다녀야 했으니 책가방이 정말 무거웠죠. 더군다나 입시생이 되자 당시에는 급식이 없었으니 도시락까지 두 개씩 싸서는 밤늦도록 학교에서 도시락을 먹으면서 공부를 했습니다. 주말이나 방학에도 도서관에 가서 공부하는 게 일상이었고요.

이렇게 말하니 제가 고개 한 번 안 쳐들고 책만 보며 공부한 모범생인 것 같지만 저 또한 나름 감성이 충만한 소녀였습니다. 학교에서 친구들과 구르는 낙엽을 보면서 까르르 웃고 라디오에 사연을 보내 팝송을 신청하며 낭만적인 기대감을 갖기도 했으며 학교의 총각 선생님을 짝사랑해서 그 과목을 열심히 공부하기도 했습니다. 올리비아 핫세와 이소룡, 알랭 들롱 등의 외국 배우들 사진을 어렵게 구해 책 사이에 끼워두고 보기도 했고요.

지나고 나니 입시 준비로 그토록 힘들었던 청춘이었지만 그 속에는 보석 같은 찬란한 행복이 존재했습니다.

불안한 사춘기
시니컬만이 유일한 반항

우리가 중·고등학생일 때는 사춘기라는 것에 어른들이 큰 의미를 두지 않았습니다. 하지만 청소년기의 불안감, 특히 입시라는 큰 산을 앞둔 우리나라 고등학생의 불안감이 그냥 얌전히 그 시기를 지나가게 두지는 않았지요. 그때 저 나름대로 소심한 반항을 한다는 게 모든 일에 냉소적인 태도를 보이는 거였습니다. 모든 상황을 비딱하게, 부정적으로 바라보며 말을 예쁘게 하지 않던 시기가 있었습니다.

그 시기의 어느 날, 자율학습을 하는데 친구가 갑자기 투덜대더라고요.

"아, 정말 답답해. 빌어먹을! 다 때려치우고 싶다!"

친구의 심정은 충분히 이해가 되고 저도 똑같은 심정이었지만 그날따라 이상하게 그 말이 거슬리더라고요. 그래서 부러 평소 태도와는 반대로 말했습니다.

"친구야, 왜 그런 말을 했는지 진짜 이해가 돼. 너도 불안하구나. 우리 조금만 참자. 이 상황도 곧 끝나지 않겠어?"

제 말에 친구가 깜짝 놀라며 대꾸했습니다.

"넌 어쩌면 내 마음을 이렇게 잘 알아주니? 힘들어서 나도 모르게 거칠게 말했네. 네 말이 맞아. 우리 조금만 더 참고 노력하자."

사실 저는요, 친구의 이 말에 더 놀랐습니다. 그리고 말 한마디의 힘을 실감했지요. 좋은 말은 긍정적인 반응을 불러온다는 것을 확실히 알게 된 경험이었거든요. 이후 저희 시니컬병은 싹 나았고 되도록 좋은 말을 해야겠다는 결심을 했답니다.

덕택에 이후 주위 사람에게 좋은 평가를 얻었고 결국 제 아이들도 좋은 말을 들으며 잘 자라주었다고 생각합니다.

갈수록 거칠어지는
우리 시대의 아이 말투

요즘 아이들은 입이 참 거칩니다. 특히 사춘기 시절의 아이들은 모든 일에 투덜대고, 다른 사람을 비난하며, 욕까지 함부로 하는 경우가 많습니다.

영화 〈킹스맨〉에는 "매너가 사람을 만든다(Manner makes man)"라는 유명한 대사가 나옵니다. 매너를 지켜야만 비로소 사람다운 사람으로 여겨져 남들에게도 대접받을 수 있다는 의미이지요.

그런데 저는 한 사람의 입에서 나오는 말이야말로 그의 인성을 보여주며 사회적으로도 성공을 좌우할 중요한 척도라고 생각합니다. 공자는 "말은 마음의 거울"이라고 했습니다. 말은 때로 세상을 바꿀 힘까지 가집니다. 그리고 좋은 사람은 좋은 말을 합니다. 좋은 말은 좋은 친구를 만들어주고 좋은 기회와 인연을 가져옵니다. 그러니 한 사람이 하는 말이야말로 그의 운명을 결정짓는다고 할 수 있습니다.

저는 살면서 좋은 말의 힘을 여러 번 경험했습니다. 말 한마디로 천 냥 빚을 갚는 경우도 실제로 보았고요. 학급에서 끝까지 인기 있는 아이는 공부를 잘하는 아이도, 축구를 잘하는 아이도, 집안이 부자인 아이도 아닙니다. 친구의 말을 귀담아듣고 예쁘게 대화해주는 아이를 가장 좋아합니다.

말하는 태도나 모양새인
말본새를 가다듬어주어야 합니다

아이의 운명을 바꾸어주고 싶다면 아이가 어떤 식으로 말하는지 유심히 살피고 말본새부터 고쳐주어야 합니다. 한 번 잘못 들인 말버릇은 생각보다 오래 갑니다. 사춘기 때 아이 입이 거칠어지기 시작한다면 처음부터 바로바로 잘못임을 알려주세요. 하지만 아이 말버릇은 단순한 지적이나 잔소리로는 절대 변화시킬 수 없음도 명심하세요. 엄마 아빠가 행동으로 솔선수범을 보여야 합니다.

앞에서도 말했는데 저희 집은 아이들이 부모에게 반말하는 것을 용납하지 않았습니다. 존중의 의미를 담은 존댓말을 사용하도록 했습니다. 또 부부 사이에도 핀잔을 하거나 무시하지 않고 함부로 대하며 거칠게 말하지 않았습니다. 이렇게 하니 우리 아이들은 사춘기라고 해도 크게 미운 말을 하지 않더라고요.

아이를 잘 키우기 위해 해야 할 것이 참 많네요. 부모 노릇을 하는 게 쉽지가 않습니다.

03

단순하지만 확실한 공부 잘하는 비결

수업 시간에 집중하면
문제와 답이 보인다

저희는 계속 서울 외곽에서 살다가 작은 아이가 5학년을 마치고 겨울방학이 되었을 때 대전으로 이사를 왔습니다. 공무원인 남편은 2~3년을 주기로 대전의 충청남도 도청과 서울 행정안전부를 왔다 갔다 하며 근무를 했어요. 아이들도 그렇고 저도 그렇고 가족은 함께해야 한다는 생각에 이런 상황에 많이 지치고 힘들어했습니다. 그러다 남편이 어느 정도 충청남도에서 쭉 일할 것 같아지자 제가 전근 신청을 해서 온 가족이 대전에 있는 삼천동이라는 곳으로 이사를 하게 되었습니다.

그때가 마침 겨울방학 중이었는데 방학 내내 아파트 놀이터에서 아이들을 볼 수가 없는 거예요. 그래서 저는 이 아파트에는 아이들이 없고 어른들만 사나 보다, 그렇게 생각했습니다.

그런데 개학하는 날, 세상에, 등교 시간이 되니 애들이 사방에서 개미떼처럼 정말 떼를 지어 초등학교에 가는 거예요. 나중에 알고 보니 그곳이 대전에서는 학구열이 가장 높은 지역이더라고요. 저는 그 사실을 전혀 몰랐습니다. 서울 촌놈이라고 서울에서는 공부나 학원에 대해 신경을 안 쓰고 살았습니다. 아이들이 특별히 가고 싶다고 하지 않았고 저도 무슨 초등학생 때부터 공부를 신경 쓰고 학원을 보내냐고 여겼거든요. 무지했던 건지 순진했던 건지 그쪽으로는 아예 떠올리지도 않았습니다.

그러다 여기 와서 처음으로 뭔가 이상하다고 느꼈죠. 방학 중에 아이들이 안 보였던 것은 초등학생인데도 모두 학원 가고 과외를 하느라 바빠서였다는 거예요. 초등학생이라고 해도 놀이터에 나가 놀 시간이 없었던 거죠.

그때 제가 굉장히 충격을 받았어요. 제 아이는 초등학교 다니면서도 맨날 집에서 뒹굴뒹굴했거든요. 변명하자면 서울에서는 초등학생 아이들이 시험에 시달리지 않게 한다고 거의 시험을 안 봤고, 보더라도 점수나 석차는 공개하지 않던 때였거든요. 또 앞에서도 이야기했는데 저 자신이 공부했을 때처럼 아이들도 공부는 알아서 해야 하는 거라고만 생각했습니다.

아들은 삼천초등학교를 1년 다니고 삼천중학교에 들어갔습니다.

그 지역에서 가장 큰 학교였는데 1학년이 13반까지 있고 한 반이 오십여 명이나 됐어요. 그런데 우리 아이가 첫 시험에서 8등, 기말시험에서 4등, 그리고 결국엔 전교 1등을 했습니다. 여전히 학원을 안 다니고 여전히 집에서 뒹굴뒹굴하는 아이인데 말이에요.

자신감을 갖고 아이 믿기

우리 아이는 선행학습 같은 걸 한 번도 한 적이 없습니다. 초등학교 들어갈 때는 자기 이름도 못 썼거든요. 다른 아이들은 모두 선행학습을 해 글자를 다 알고 입학했어요. 우리 아이들은 그냥 갔으니 처음에는 받아쓰기 시험에서 30점을 받아 왔습니다. 그러니까 10문제가 나왔다고 하면 그중에서 3개 맞으면 다행이었던 거죠. 솔직히 30점 이하로 맞아온 적도 많았습니다.

그래서 제가 집에서 몇 번 봐주었습니다. 국어책 보면서 받아쓰기를 할 만한 문장이나 단어를 불러주고 한 번씩 써보게 해서 보낸 거죠. 그게 다예요. 그렇게 하니 다음에 조금 점수가 나아지고 또 점수가 나아지고 그랬던 것 같아요. 몇 번 집에서 연습하니 알아서 잘하더군요. 자기가 뭘 할 수 있는지를 깨달으면 그때부터는 스스로 합니다.

제가 학교에서 보면 선행학습을 하고 온 아이들이 초기에는 우수하지만 나중에는 오히려 별로 성적이 안 좋았어요. 초등학교 때 벌써 중학교 교과서를 다 떼고 들어오는 아이들이 있잖아요. 그런데 그 아이들은 선생님이 수업 시간에 하는 말을 이미 다 아니 대충대충 그냥 넘겨요. 그런 애들이 성적이 안 좋더라고요. 초기에 반짝 성적이 잘 나올 수는 있어요. 입학하자마자 첫 시험에서 두각을 드러낼 수는 있는데, 차근차근 공부해 나가는 것이 나중에 보면 더 효과가 있고 성적이 좋아지는 거 같아요.

엄마들이 아이가 모른다 싶으면 '너 이거 모르면 이렇게 해봐' 하고 조금만 수준에 맞춰서 알려주면 되는 거죠. 교과 과정에 따른 수준에 맞춰야 하는데 엄마가 불안하니까 옆집 아이는 다음 학년 것까지 했다더라 하는 소리를 들으면 내 아이도 해야 할 것 같은 거예요. 우리 엄마들이 먼저 자신감을 가지고 아이를 믿으셔야 해요.

수업 시간에 집중하면
보이는 문제와 답

저는 천재, 그런 거보다 노력이 중요하다고 생각합니다. 또 우리 아이 생각도 마찬가지고요. 아들은 수업 시간에 열심히 들으면 공부는 다 잘할 수 있다고 하더라고요. 선생님이 하나하나 설명해주잖아요. 그냥 앉아서 선생님 말만 잘 듣다가 선생님이 '이거 중요해'라고 한 걸 표시해두고 공부를 하는 거죠. 그게 시험에 나오니까요.

그런데 선생님이 수업하는 시간에 애들은 엎드려 자거나 딴짓을 하거나 멍하니 있다는 거예요. 자기 반에서도 수업을 제대로 듣는 애가 1~2명밖에 없대요. 수업 시간에 졸거나 엎드려 자면서 성적 안 나온

집중해서 종이접기와
숙제를 하는 아들

3장 단순하지만 확실한 공부 잘하는 비결

다고 하는 아이들이 자기는 정말 이해가 안 된다고 하더군요. 선생님이 수업 시간에 한 말, 중요하다고 강조한 게 시험에 꼭 나오는데 밤늦게까지 학원 다니느라 피곤해서 학교에서 자면 그게 뭐냐고 하더라고요.

삼천중학교가 있는 곳은 대전의 강남이라고 해서 엄청 학구열이 세고 학원도 많아 아이들의 수준 역시 높았어요. 그곳의 아이들은 거의 학교 끝나면 학원으로 직행하고 거기서 저녁까지 사 먹고 밤에 10시, 11시나 돼야 집으로 돌아오고는 했습니다.

그럼 다음 날 또 아침 일찍 일어나 학교에 간 아이들이 얼마나 피곤하겠어요? 반은 좀비가 되어 비몽사몽이겠죠. 그게 하루이틀이 아니니까 계속 멍한 상태에서 선생님 설명을 듣거나 엎드려서 자는 거예요. 우리 아들만 혼자 똑바로 앉아서 학교 선생님의 설명을 들으니 선생님 눈에 아들이 얼마나 예뻤겠어요.

선생님 입장에서 보면 다 엎드려 자는데 수업 시간 내내 반듯하게 앉아서 눈을 또랑또랑 뜨고 쳐다보는 애가 하나 있으니 너무 이뻐서 우리 아들만 보고 수업을 하는 거예요.

그러니까 우리 아들은 더 열심히 듣겠죠. 전 과목 수업을 다 그렇게 하니 우리 아이가 선생님들한테 예쁨을 정말 많이 받았어요. 성적이 전교 1등이고 선생님의 말을 고분고분 잘 들으니 안 이뻐할 수가 없잖아요.

우리 아들은 밤새 잠도 잘 자요. 집에 오면 엄마 오기 전에 잠깐 낮잠을 자고 엄마가 와서 밥을 해주면 밥 먹고 숙제와 공부 조금 하다가 기분 좋게 또 자고 하니 늘 컨디션이 좋았습니다. 중학교 때는 열심히 공부해도 밤새우는 건 거의 본 적이 없고 시험 기간에도 12시를 넘기지 않고 다 잤습니다. 평상시에는 하루에 2~3시간 공부하면 많이 하는 거였는데 그 시간 동안 완전히 집중해서 합니다. 시험 기간이라고 해도 학교 갔다 오면 피곤하니까 일단 1시간 정도 한숨 잤습니다. 자기도 신경 쓰고 학교 왔다 갔다 하느라고 얼마나 피곤했겠어요. 낮잠으로 몸과 마음을 이완시키는 거죠. 우리 아이는 푹 자고 일어나서 공부하니 효율이 아주 좋았습니다.

그렇다고 우리 아들이 공부만 잘하는 깍쟁이는 아니었나 봐요. 외향적이어서 친구도 많았고 반장 같은 임원도 계속했습니다. 인기가 많아 학생회장 선거에 나갔을 때 표를 가장 많이 받았다고 하더라고요.

1등의 시험공부법은
기본에 충실하다

엄마로서 저는 아이 공부에 크게 관여하지 않았습니다. 직업이 선생님이지만 초등학교 입학했을 때 받아쓰기를 도와준 것 말고는 직접 아이들을 붙잡고 가르친 적이 없습니다. 학교 다니고 집안 건사하랴 저도 나름 무척 바빴거든요.

무엇보다 학교 일은 학교 교사로서 최선을 다하지만 집에 와서 아이들한테까지 선생님 노릇을 해야 하는 건 아니잖아요. 집에서는 완전히 엄마 상태로 돌아가서 아이를 대했습니다.

또 솔직히 고백하자면 아이 공부에 조금 둔감하기도 했습니다. 초등학교 때는 성적표도 안 나오잖아요. 친구들과 사이가 좋고 과학 과목에 관심이 많다는 말만 적힌 통지표를 받아왔기에 그런가 보다 했어요. 그래도 시험 보면 다 100점 받으니까 좀 하는 것 같다는 생각을 했고요. 그러니 아이도 원하지 않는 학원에 꼭 보내야겠다고 여기지 못했던 것 같습니다.

그래도 본격적으로 시험이라는 것을 보는 중학생이 됐을 때 아이와 함께한 것이 있습니다. 바로 시험 보기 전에 스케줄을 짜는 것이었습니다.

시험 준비 기간과 시험 과목, 범위 등을 살펴보고 외울 게 많은 과목은 시간 많은 날 하게 하고, 외울 게 별로 없는 것들은 하루에 두 과목씩 넣어주어 아이가 조절해서 하게 했습니다.

스케줄을 짜준 이유는 처음에는 아이가 아직 어려서 시간 운용에 대한 개념이 잘 서 있지 않아서였어요. 마냥 한 과목만 붙들고 있지 않도록 시간 배분을 알려준 것이죠. 스케줄을 짜주니 아이는 시간 안에 공부를 끝내야 한다는 책임감을 느끼면서 조금 더 집중해서 공부했어요.

아이는 그때그때 계획대로 공부한 내용을 밥 먹으면서 저에게 이야기를 했어요. 그러면서 스스로를 뿌듯해하는 성취감도 더 많이 느낀 것 같습니다.

교과서 읽기, 노트 보고 문제집 풀기의
루틴 공부법

아들은 중학교 때도 학원에 안 가고 공부 역시 특별히 열심히는 안 했어요. 보통 때는 그날 배운 것을 1~2시간 집중해서 훑어보았고 시험 기간이 되면 시험계획표를 짜서는 시험 범위 내의 교과서 내용을 최소한 세 번은 봤습니다.

그 세 번을 어떻게 보는지 알려드릴게요.

먼저 처음에는 교과서를 읽습니다. 그런데 그냥 죽죽 읽어나가는 게 아니라 내용을 정말 샅샅이, 꼼꼼하게 읽어요. 아주 교과서 글자 한 자 한 자, 문장 하나하나를 분석해가면서 새기는 거죠. 심지어 '왜 여기서는 이런 표현으로 썼을까?'라며 교과서 저자의 의도까지 따져가며 읽습니다.

이렇게 하니 한 페이지를 읽는 데 10분 이상이 걸릴 때도 있어요. 보통은 한 과목의 교과서 시험 범위를 읽는 데 5~6시간가량이 걸립니다.

한 번 교과서를 완전히 읽었다면 이제 선생님이 필기해준 노트와 교과서를 보면서 필요한 내용을 외우죠.

그다음에 문제집을 풀어요. 배운 내용을 확인하고 문제 유형에 익숙해지기 위해서입니다. 문제집은 2권 정도 푸는데, 시간이 많이 걸리지 않고 대부분 답을 맞힙니다. 아들은 가끔 틀리는 문제가 나오면 더 기뻐하더라고요. 자기가 공부한 것에서 빈틈을 찾았기 때문입니다. 또 문제집을 풀면 다른 각도에서 내용을 이해할 수 있다고 하더라고요.

그다음 교과서를 또 한 번 읽습니다. 문제집까지 풀었으니 당연히 더 빨라져서 시간이 단축되는데 아들 말로는 이때 더 주의해야 한대요. 입과 눈으로는 교과서를 읽고 있다고 생각하지만, 사실 마음속으로는 딴생각을 할 수 있으니까요. 그래서 집중력을 잃지 않고, 놓친 부분은 없는지 제대로 확인해가면서 읽습니다.

시험 당일 아침이나 쉬는 시간에는 교과서를 처음부터 끝까지 훑으면서 모든 내용을 머릿속에서 정리하죠.

아들은 이렇게 교과서 읽기, 노트와 교과서 보고 문제집 풀기, 교과서 다시 읽기, 시험 당일 교과서 훑기의 루틴을 지켰어요.

이렇게 하면, 사실상 시험 문제를 풀 때 해당 내용이 교과서의 어느 페이지 어느 단락에 있는지 떠오른다네요.

이 공부법은 중학교뿐 아니라 고등학교에 올라가서도 계속 유지되었습니다.

교과서로 공부한 게 진짜 다일까

수능 만점자들의 인터뷰에서 빠지지 않고 등장하는 말이 "과외나 다른 강의보다는 교과서를 중심으로 공부했습니다"입니다. 〈토크 콘서트〉에서 많은 학부모가 아들의 공부법을 묻는데 제가 교과서 위주의 루틴 공부법을 말하면 정말 그게 다냐고 되묻더라고요.

저도 사실 교사 시절 초기에는 수능 만점자의 인터뷰를 보면서 의구

심이 들었는데, 아들이 공부하는 방식을 지켜보면서 그럴 수밖에 없다는 생각이 들었습니다.

교과서는 참 특별한 책이에요. 교육 과정의 모든 내용을 한정된 지면에 담아내야 하니까, 어찌 보면 압축 파일 같은 거죠. 이렇게 압축하다 보니 불가피하게 친절한 설명은 사라지고, 앞뒤 맥락 없이 사실 정보만 나열되기 마련이에요. 전문가들이 아무리 쉽게 쓰려고 노력해도, 압축된 글의 한계가 분명히 있더라고요.

여기서 대부분의 아이에게 문제가 생겨요. 교과서가 어렵다고 느끼는 거죠. 당연히 교과서를 풀어서 설명한 참고서나 문제집을 찾게 되고, 교과서를 해설해주는 강의를 듣게 되잖아요. 아주 자연스러운 일이에요.

하지만 그러면서 공부의 주객이 전도되는 경향이 생기는 것 같아요. 교육 과정의 핵심이 담긴 교과서가 아니라, 교과서를 해석한 교재가 공부의 중심이 되어버리는 거죠. 강사가 강조하는 내용에 따라 공부 방향이 좌우되면서 정작 기본적이고 사소해 보이지만 정말 중요한 내용은 놓치게 됩니다.

그런데 아들은 달랐어요. 교과서에서 시험의 핵심을 찾으려고 노력하더라고요. 마치 책을 읽기 전에 목차를 먼저 살펴보는 것처럼, 교과서의 구조와 핵심 개념을 파악한 후에 세부 내용을 차근차근 학습해갔습니다.

'교과서로 공부했다'라고 말하는 진짜 의미는 바로 교과서를 단순히 읽는 게 아니라, 교과서를 든든한 중심축으로 삼아서 지식을 차곡차곡

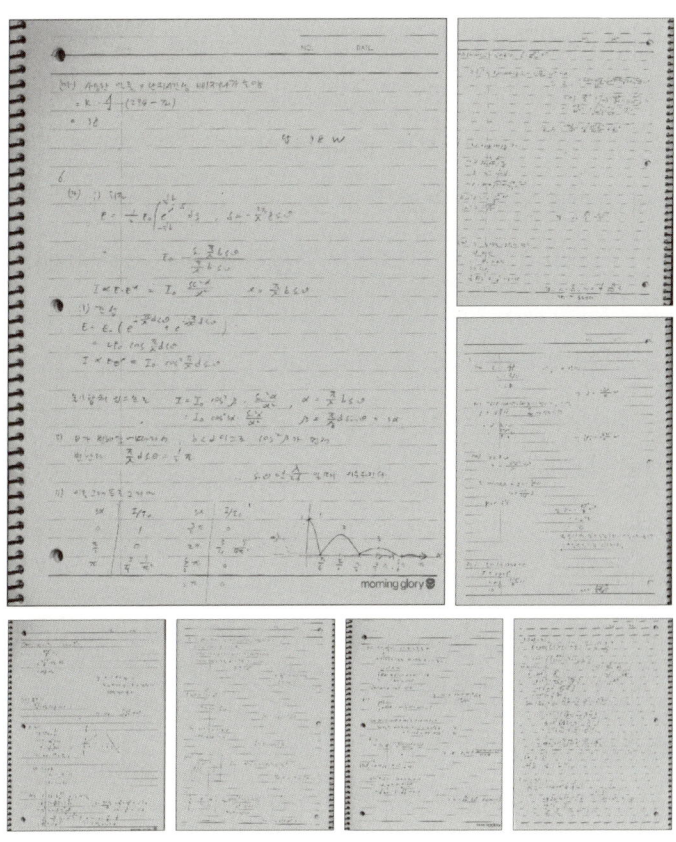

아들이 공부한 무리함수 노트 중에서.

3장 단순하지만 확실한 공부 잘하는 비결

쌓아 올렸다는 것이죠.

먼저 자기 머리로, 자신만의 방식으로 압축된 교과서 내용을 오류 없이 빠르고 정확하게 이해하고 거기에 살을 덧붙여 지식을 체계화해야만 자기 것이 될 수 있습니다. 아들은 어려서부터 스스로 생각하고 답을 찾아가려는 힘을 키워 나갔는데 이로 인해 교과서에 담긴 내용을 바탕으로 가지를 쳐서 빈틈없는 지식의 그물망을 짠 것 같아요.

학년이 올라가면서 갑자기 어려워진 교과서 내용으로 좌절하는 아이들을 보면 마음이 아파요. 교과서를 혼자 힘으로 해석할 수 없어서 학원에 의존하게 되고, 학원 숙제에 쫓기다 보니 정작 학교 수업 시간에는 졸음에 빠지는 악순환이 계속되는 거죠.

많은 학부모가 "어릴 때 문제집 좀 덜 풀리고 책 좀 더 읽힐걸" 하고 말하는 이면에도 이런 이유가 있는 것 같아요. 아들의 경우는 그런 깊은 사고력을 일찍부터 길러온 거죠.

진짜 공부 잘하는 비결은 화려한 학습법이나 특별한 교재에 있는 게 아니라, 스스로 행간을 읽어내 이해하는 탄탄한 사고력에 있습니다. 그것이야말로 진정한 공부의 시작이라고 생각해요. 그러니 조금 늦더라도 아이들이 자신만의 공부법을 찾도록 도와주세요. 우리 아이들이 어떤 교과서든 자신만의 방식으로 척척 공부해낼 그날이 올 거예요. 그때까지 따뜻한 마음으로 기다려주고, 응원해주면 되지 않을까요?

천재 아이큐보다
끈기와 공부 내면화가
중요하다

꾸준히 하는 것 역시 중요합니다. 매일 떨어지는 한 방울의 물이 언젠가는 바위에 구멍도 뚫는 것처럼 매일매일 공부의 양을 쌓아나가야 합니다. 그러려면 공부 습관이 잡혀 있어야 하죠.

우리 아이들은 초등학생 때부터 '계산박사'라고 두 자릿수 더하기, 빼기, 곱하기, 나누기만 있는 아주 얇은 학습지를 풀었습니다. 제가 다른 건 안 시켰는데 그 학습지는 6학년 때까지 매일 한 장씩 풀게 했어요.

학습지 한 장은 한 5분이면 다 풀어요. 어느 날은 아들이 물어보더라고요.

"엄마, 이거 다섯 장 풀면 5일 동안 안 해도 돼요?"

미리 하고 쉬려는 거죠. 그래서 제가 그랬어요.

"오늘 다섯 장 풀고 싶으면 풀어. 하지만 내일 한 장은 무조건 풀어야 해."

어떤 경우에도 하루에 한 장씩은 꼭 풀게 했어요. 이를 통해서 싫어도 꼭 해야 하는 일이 있음을 가르친 것 같아요. 심지어 휴가여서 놀러 갈 때도 학습지를 가지고 갔어요.

"얘들아, 이거 한 장씩 풀어. 아니, 5분도 안 걸리는 데 이걸 왜 못해?"

이렇게 시키면 아이들은 하기 싫어도 해야 하고 이 일은 꼭 오늘 해야 하는 것임을 아니까 또 하더라고요. 빼먹지 않고 계속하는 습관을 들이기 위해 주말이나 놀러 갔다 와서도 하고 매일 세수하듯이 그냥 하는 것으로 만들었습니다. 내 친구들은 이 이야기를 듣고는 기겁을 하더라고요.

또 아이들은 시험 볼 때 풀이법을 알면서도 계산하다가 잘 틀리잖아요. 그런데 계산 학습지를 꾸준히 하면 실수가 적어져요.

공부 습관을 길러주면 해야 하는 일은 무슨 일이 있어도 해야 한다는 책임감도 기를 수 있습니다. 더 나아가 자신감까지 커진다고 생각합니다.

끈기 있는 성격이
공부합니다

아이들을 비교해보면, 어렸을 때부터 차이가 확연히 있었습니다. 딸은 정말 똑똑하고 머리가 빨리 돌아갔어요. 진짜 머리가 좋은 쪽은 딸이었죠. 그런데 아들은 달랐습니다. 사실, 아들은 좀 모자란 것은 아닐까 하는 걱정을 했을 정도로 엉뚱했어요. 예를 들어, 용돈을 똑같이 주면 딸은 다 써버리는데, 아들은 모아두었다가 어느 날 누나가 동생을 꼬드겨서 만화책을 빌려 보자고 하죠. 그러면 홀랑 넘어가서 돈을 쓰는 거예요. 아들은 그렇게 단순한 면이 있었어요.

딸은 어려서도 어른처럼 성숙하고 조숙하게 말과 행동을 해서 '중닭'이라 그랬어요. 아들은 이게 병아리가 제대로 될지 안 될지 모르는 4차원이라고 '곤달걀(상한 달걀)'이라고 했거든요. 누가 그런 말을 시작했는지 모르겠는데 일가친지들 사이에서 그런 별명으로 불렸던 적이 있어요.

그런데 딸은 무언가 한 가지를 완전히 끝까지 파고들려고 하는 끈기와 1등을 하겠다는 욕심이 없었어요. 그래서인지 반에서 1등을 한 적은 없고, 보통 3등이나 4등을 했죠.

딸은 공부하다가 어느 정도 다 했다 생각하면, 이 정도면 됐다 싶으면 딱 덮고 자요. 하지만 우리 아들은 마지막까지 최선을 다해 정말 완벽해지도록 공부를 반복해서 했어요.

"왜 너는 1등하려고 안 하니?"

한 번은 제가 딸에게 이렇게 물어본 적이 있어요.

"그냥 그 정도면 되잖아요."

이 대답으로 머리 좋은 것과 공부하는 것은 정말 다름을 알 수 있었습니다.

오히려 모자라 보이던 아들은 항상 1등을 했어요. 공부를 할 때 아들은 시험 전 마지막까지 계속 자기 점검을 하면서 준비했어요. 그 차이가 분명했죠.

그래서 아이의 성향이나 성격이 정말 중요하다고 느껴요. 꼼꼼하게 마지막까지 최선을 다하려는 끈기와 노력이 결국 나중에는 큰 차이를 만든다고 생각해요. 천성이야 바꿀 수 없다고 하지만 부모는 아이가 어려서부터 끈기와 노력이 중요하다는 것을 알려주어 어느 정도는 습관으로 만들어주면 좋겠다는 생각을 합니다.

공부 내면화, 습관으로 만들기

제가 학교에 있으면서 보니까 학교와 학원을 다니면서 열심히 선생님 말씀을 듣는 것은 기본밖에 되지 않더라고요. 공부한 것을 자기 것으로 만들려면 스스로 생각해서 내면화를 시켜야 합니다. 즉 뭔가 하나를 배웠으면 혼자 생각해보고 '아, 그렇구나' 하고 깨달아지는 순간이 올 때까지 다시 되짚어야 내 것이 됩니다. 그런데 대부분의 아이는 너무 바빠서 되짚어볼 새가 없어요.

내 것으로 만들려면 선생님이나 부모님이 알려준 것을 그대로 외우기보다 스스로 생각해서 정리해야 합니다. 자기 것으로 소화시킬 시간이 필요합니다.

저는 아이가 초등학생이었을 때는 공부 관련 학원은 안 보냈어요. 우리가 살던 서울 집 근처에는 보습 학원이 없었기도 했고 또 그 또래 아이는 좀 놀아야 한다고 생각했거든요. 물론 나중에 보니 그때도 아이들을 보습 학원에 보낸 엄마들이 많았더라고요. 초등학교 때 내가 보냈던 학원은 태권도 학원 딱 하나뿐이었습니다. 그야말로 방목형 엄마였죠.

앞에서 아들이 초등학생 때 집에 돌아오면 뒹굴뒹굴거리며 이것저것 생각을 많이 했다고 했잖아요. 그게 아이에게는 공부 내면화 시간이었던 것 같아요. 밥을 먹으면서 엄마와 아빠에게 학교에서 배운 것을 퀴즈로 내면서 즐거워한 것도 다 그런 공부 내면화 시간을 통해 나온 것 같고요.

동기부여가 된 아이는
몰입의 즐거움을 안다

공부하는 데 피곤하지 않게 컨디션 조절을 잘하고, 학교에서 선생님 설명을 잘 듣고 나서 다시 한번 내면화시키는 것이 중요하다고 했잖아요. 그런데 그에 못지않게 아이 스스로 동기부여를 받아 성취감을 느끼는 것도 오랫동안 공부하도록 만드는 거 같아요.

특히 고등학생이 되면 공부의 양과 질이 완전히 달라집니다. 그냥 하던 대로 공부하면 되는 수준이 아닙니다. 어마어마한 공부의 양을 앞에 두고 좌절감을 먼저 느낄 수 있습니다. 그렇기 때문에 동기부여를 잘해주는 게 중요합니다.

집에서 아이 동기부여해주기

사실 우리 아들은 호승심(好勝心)과 인정 욕구가 꽤 있는 편이에요. 거기다 곤달걀이라고 부를 정도로 어리숙한 면이 있고 인풋과 아웃풋이 바로 연결되는 단순한 성격도 가지고 있습니다. 그래서 아주 작은 보상에도 기뻐하면서 더 열심히 공부했습니다.

사실 처음에는 크게 의미를 두지 않고 '이번 전국과학경시대회에서 상 타면 현미경을 사줄게' 했는데 아들이 그 선물을 받겠다고 각오를 단단히 다지더라고요. 아마도 아들은 선물도 중요하지만 목표를 달성하고 무언가를 얻는다는 행위 자체에 더 큰 동기부여가 되었던 것 같습니다. 이후에도 가끔 리모컨 조종 헬리콥터 등 아들이 원하는 것을 걸고 내기를 하곤 했는데 그때마다 아들은 꼭 성취해내곤 하더라고요.

고등학교 입학과 관련해서도 재미있는 일화가 있습니다. 서울에서도 과학고등학교는 전교에서 탑인 애들이, 어쩌다 한 명 가는 거잖아요. 그러니 남편은 아이가 못 갈 수도 있다고 생각하고 '너 과학고등학교에 들어가면 노트북 사줄게' 하고 약속을 한 거예요. 그때는 노트북이 꽤 비쌌는데 아들은 멋지게 합격해서 아빠에게 노트북을 받아냈죠.

고등학교 2학년 때는 아들이 국제물리올림피아드에 나가게 되었잖아요. 이때도 상을 타면 원하던 가방을 사주기로 아들과 내기를 했습

고등학교 2학년 때인 2004년 국제물리올림피아드
금메달 수상 기사 모음.

니다. 그런데 기가 막히게도 국제물리올림피아드 출전 기념품이 가방이더라고요. 그래서 가방을 안 사줬지요. 아들이 좀 억울해하던 게 기억에 선합니다.

동기부여가 된 아이는 지치지 않습니다. 즐겁게 활동합니다. 그러니 자신의 아이에게 맞는 동기부여 방식을 알아보세요.

최고의 나를 만나는
몰입

아들이 왜 학교 갔다 오면 항상 졸렸을까 생각해봤는데 당연히 피곤했기 때문일 것입니다. 그렇다면 왜 그렇게 피곤했을까요? 제 생각에 학교생활에서 매 순간 모든 에너지를 쏟아부으며 극도로 몰입했기 때문인 것 같습니다. 모든 순간에 에너지를 다 사용하는 것은 평범한 사람들에게 쉽지 않은 일입니다. 이런 몰입의 기술을 가지고 있다는 것이 한편으로는 놀랍고 대단한 일로 느껴졌지만, 또 다른 한편으로는 이걸 끝까지 지속할 수 있을까 고민이 되었던 때가 있었습니다.

그런데 제가 시카고 대학교 심리학 교수인 미하이 칙센트미하이(Mihaly Csikszentmihalyi)의 《몰입, 미치도록 행복한 나를 만난다》라는 책을 봤는데요, 몰입은 사람을 지치게 만드는 게 아니라 오히려 사람을 근본적으로 행복하게 만든다고 하더라고요. 몰입은 어떤 행위에 깊게 빠져들어 시간의 흐름이나 공간, 더 나아가서는 자신에 대한 생각까지도 잊어버리게 되는 상태라고 해요. 단순한 기쁨이나 열중할 때의 느낌이라기보다는 완벽한 심리적 집중이라고 하는 것이 더 정확하다고 하는데 우리 아들은 공부뿐 아니라 학교생활에서도 이 몰입을 경험하고 있었던 거 같습니다.

이런 몰입에는 여덟 가지 주요 구성요소가 있다고 합니다. 이 조건들이 맞추어졌을 때 최적의 경험을 할 수 있는 거죠.

> 첫째, 적당한 과제(성공 가능성이 있는, 너무 쉽지 않은 수준)
> 둘째, 지금 하고 있는 활동에 주의 집중
> 셋째, 명확한 목표
> 넷째, 즉각적인 성공과 실패에 대한 피드백
> 다섯째, 일상을 의식하지 않는 깊은 빠져듦
> 여섯째, 행동을 스스로 통제하고 있다는 느낌
> 일곱째, 자아에 대한 의식 상실(역설적으로 몰입 경험이 끝나면 자아감이 더욱 강해짐)
> 여덟째, 시간 개념의 왜곡(몇 시간이 몇 분인 것처럼 느껴짐)

악기 연주자가 연주에 몰두해서 모든 것을 잊고 음악과 하나 되는 바로 그 순간이야말로 몰입을 경험하는 것인데 책에서는 충분한 학습과 훈련을 하면 누구나 의식을 조절해 몰입 능력을 향상시킬 수 있다고 합니다.

돌아보면 아들은 매 순간 주의 집중하는, 몰입이 잘되는 성향을 가졌던 것 같습니다. 공부하는 것도 즐겁게 느끼는 경우가 많았던 거죠. 친구들과 함께 관심 있는 과학 이야기를 하면 두 눈을 반짝이면서 행복해했습니다.

그런데 부모의 욕심은 끝이 없어서 아이가 중학교 때부터 과학에 빠져드는 모습을 보면서 걱정이 되기도 했습니다. 적절히 문과적 성향도 키워가면서 균형을 잡는 것이 중요하지 않을까 고민하기도 했거든요.

도전과 진로,
스스로 결정해야
잘한다

중학교 첫 시험부터 성적이 계속 괜찮게 나오니까 누군가에게 말을 들었는지 아들이 어느 날 집에 와서는 과학경시대회가 있는데 거기를 한번 나가보겠다고 하더라고요. 과학경시대회는 지역별로 나누어져 있습니다. 학교에서는 신청자를 모집, 선발해서 지역 경시대회에 내보내고 지역 경시대회에서 경쟁해서 더 큰 경시대회에 나갈 학생을 뽑는 식입니다. 보통 시, 도, 전국대회로 되어 있더라고요.

엄마들의 정보력이 얼마나 대단한지, 아이를 과학경시대회에 내보

내려는 엄마들은 학교보다는 따로 아이를 학원에 다니게 해 미리미리 준비를 해놓는 경우가 많더라고요. 그런데 저는 오히려 학원 한 번 안 다녀본 아들에게 지금 해도 되는지, 무엇을 어떻게 하면 좋을지 물어보았어요.

아이 말이 전국수학과학경시대회에 나오는 문제를 풀려면 고등학교 과정까지 알아야 한다더라고요. 그래서 동네에서 유명한 경시대회 전문 학원에 데리고 갔습니다. 이때 경험이 너무 인상 깊어서 제가 아직도 선명하게 기억합니다.

중학교 2학년에 다닌, 첫 공부 학원

학원에 가니 원장 선생님이 과학경시대회 공부를 어디까지 했냐고 묻는 거예요. 아무것도 한 게 없고 이제 시작하려고 한다 했더니 엄마인 저를 아주 한심하다는 듯이 쳐다보더라고요. 그러면서 다른 학생은 초등학생 때부터 선행학습을 했는데 지금 시작해서 가능하겠냐고 되묻는 거예요. 거의 불가능에 가깝지만 그래도 시도해보려면 하라는 식이었죠. 졸지에 한심한 엄마가 되어 저는 기분이 나쁜데 아이가 그래도 해보겠다고 해서 등록을 하고 레벨 테스트를 치렀습니다.

잘 나왔을까요? 당연히 선행학습을 한 게 없으니 풀 수 있는 문제가 별로 없었죠. 결국 과학경시대회 준비반 중에 제일 꼴찌반에 들어갔습니다. 그런데 그다음 달에 한 단계 높은 반에 들어가고, 또 그다음 달에는 제일 고급반에까지 들어갔어요.

아들은 학원을 몇 달 다니고 3학년이 되어 4월인가 지역 경시대회에 나갔습니다. 그런데 대전시에서 1등을 한 거예요. 최종적으로 2002년 14회 전국과학경시대회에서 금상을 받았습니다. 학원을 몇 개월 다니지 않았으나 학원에서 어느 정도 방향을 잡아준 것인지 잠재력이 발현된 것이지 아들의 과학 재능을 분명하게 알게 된 시점이었습니다.

과학고등학교로
진로 결정

아들이 〈카이스트〉라는 TV 드라마를 무척 재미있게 보고는 수학과 과학 공부에 더 열을 올리더니 중학교 3학년 때 과학고등학교에 가겠다고 말하는 거예요. 저랑 남편은 처음에는 반대했습니다.

"다시 한번 생각해보렴. 지금은 과학이 재밌어서 과학고등학교에 가고 싶다고 하는데, 사실 과학고등학교는 커리큘럼이 좀 편향되어 있단다. 이과 과목 위주로 가르치다 보니까 음악이나 미술, 국사 같은 건 한 학기 정도만 배우거나 아예 안 배우는 경우도 있거든. 우리는 네가 다양한 분야에 교양을 갖춘 사람으로 성장했으면 한단다. 한쪽으로만 치우친 교육을 받는 건 좀 아쉬울 것 같거든."

남편과 저는 아들이 위대한 과학자나 특별한 분야에서 뛰어난 사람이 되기보다는 원만한 인간으로서 두루두루 평안하고 행복한 삶을 살기를 원했습니다. 그리고 일반 고등학교에 진학해도 아들 실력이면 나중에 좋은 대학교에 갈 수 있을 거라고 생각했기에 남편이 특히 더 적

극적으로 아들에게 말했습니다.

남편 생각에 일반 고등학교를 가면 다양한 취미와 적성, 능력을 가진 친구들을 주변에 둘 수 있는 게 큰 장점이었어요. 경우에 따라서는 금융계 친구, 자영업하는 친구도 있을 수 있고요. 그런 다양한 친구들과 만나 이야기하며 사는 게 인생인데 과학고등학교를 가면 연구에만 몰두해야 하고 과학계 이외의 사람을 만날 일이 별로 없으며 과학만 이야기해야 하잖아요. 또 과학자는 따지고 보면 전부 다 경쟁자가 되는 거잖아요. 일반 고등학교에 가면 의사 친구하고 경쟁할 일이 뭐가 있겠어요. 다양한 분야가 있어 경쟁하지 않고도 서로서로 도와줄 수 있는데 과학계라는 좁은 세계에 가면 사고와 인간관계도 축소될 수밖에 없는 인생을 사는 거라고 이야기했습니다.

고등학교 진학 문제로 한두 달 계속 아이와 대화를 했어요. 물론 선택권은 분명 아들에게 있으니까 강요는 하지 않았어요. 자기 인생은 오로지 자기 힘으로, 자기 혼자 걸어가야 하니까요. 그래도 아이가 선택하는 데 도움이 될 만한 엄마 아빠의 의견을 충분히 이야기했습니다.

아들은 아빠의 얘기를 굉장히 인상 깊게 받아들여서 자기 나름대로 고민을 많이 했나 봐요. 그래도 최종적으로 자기의 적성은 과학이라고 결정했어요. 과학을 하는 친구들과 과학 이야기를 하고 과학을 공부하면서 살고 싶다고 하더라고요.

우리 부부는 아들의 결정을 듣고 이렇게 말했습니다.

"네가 그렇게 생각했다면 그렇게 하려므나. 네 운명의 주관자는 바로 너 자신이지, 엄마나 아빠가 아니니까. 우리는 네 운명을 도와주는 사람이지 네 운명에 개입하려는 것이 아니다."

그렇게 해서 아들은 최종적으로 과학고등학교에 원서를 넣었습니다. 충분한 시간을 두고 결정했으니 아이의 말을 믿고 따라야죠. 결정하기까지는 고민하고 결정이 나면 적극적으로 밀어주는 것이 부모가 할 일이니까요.

이때도 재미있는 해프닝이 있었습니다. 저희는 과학고등학교 중에서는 서울과학고등학교를 제일 알아주니까 그곳에 원서를 내려고 했어요. 근데 알고 보니까 과학고등학교는 그 지역 거주지에 있는 곳에 지원해야 하더라고요. 지금 생각해보면 참으로 무심한 엄마였습니다. 진학해야 할 학교에 대한 정보를 알아볼 생각도 하지 않고 과학고등학교를 가겠다는 아들을 말리기나 했으니까 말입니다.

아들이 과학고등학교에 진학했지만 지금도 한쪽으로 치우친 교육을 받는 것은 좋지 않다는 제 생각에는 변함이 없습니다. 지금 중·고등학교에서 배우는 교과, 그리고 입시에 중요하지 않다고 생각해서 원하지 않는 과목일지라도 인생을 사는 데는 다 필요합니다. 어떤 특정 분야에만 흥미 있고 관심이 있다고 나머지 것을 무시하면 우리 인생은 삭막해집니다. 인생은 깁니다. 어른이 되어 세상에 나가 자기가 원하는 길을 간다고 해도 풍요로운 인생을 살려면 나머지 것들이 꼭 필요합니다.

국제물리올림피아드,
큰물에서 놀면
달라진다

아들은 무난히 대전과학고등학교로 진학했습니다. 과학고등학교이니 그 지역에서 난다 긴다 하는 과학 수재들이 모인 거잖아요. 그중에서도 특출나게 물리에 두각을 나타낸 네 명의 학생이 학기 초부터 유명해지더니 '물리 4대 천황'이라는 별명까지 만들어졌다고 하더라고요. 아들도 물리 4대 천황 중 한 명으로 거론되었습니다.

아들은 이 별명에 굉장한 책임감을 느꼈습니다. 4대 천황이라고 불리니 과학에서 남보다 뒤떨어져서는 안 된다는 자존감이 생겼고 네 명

중에서 조금이라도 더 잘하고 싶다는 마음이 들었다고 하더라고요.

그러던 어느 날, 아들은 고등학생으로서 국제물리올림피아드에 국가대표로 출전해 상을 받아보고 싶다며 말했습니다. 국제물리올림피아드는 물리학 교육의 국제적인 교류와 협력 증진을 목적으로 대학 교육을 받지 않은 20세 미만의 청소년이 중등 교과목의 물리학 분야를 이론과 실험으로 나눠 실력을 겨루는 세계적인 대회입니다.

시도해보지도 않고
안 된다고 포기하지 않기

국제물리올림피아드에 한국 대표로 나갈 국가대표 선발전을 한다는 공고가 나왔는데 대전과학고등학교의 4대 천황 다른 친구들은 어차피 민족사관고등학교, 서울과학고등학교, 경기과학고등학교 학생이 다 뽑힐 거라면서 우리는 해봤자 소용이 없다고 학교 공부에만 집중하겠다고 했대요.

아들은 그 말에 너무 기분이 나쁘고 자존심이 상했다고 하더라고요. '그런 게 어디 있냐, 대전과학고등학교라고 못하는 게 어디 있어' 하면서 자신이 한번 제대로 보여주겠다고 각오를 다진 거죠.

결과적으로 한국물리올림피아드에서 은상을 받고 한국 국가대표가 되기 위한 경쟁에서 1등을 해 고등학교 2학년 때인 2004년에는 35회 국제물리올림피아드에 나가서 금메달을 받았습니다. 그때까지 우리나라에서 국제물리올림피아드에 나가서 상 받은 과학고등학교는 서

아들에게 늘 든든한 지원군인
아버지와 함께한 인터뷰.

3장 단순하지만 확실한 공부 잘하는 비결 ✦

울 쪽에 있는 곳이 대부분이었어요. 서울과학고등학교랑 경기과학고등학교 두 군데가 휩쓸었습니다. 그런데 우리 아들이, 지방에 있는 대전과학고등학교 출신 학생이 금메달을 받은 거예요.

지금도 대전과학고등학교에 가면 학교를 빛낸 선배로 우리 아이 사진이 붙어 있어요. 그런데 공부한 과정을 보면 정말 엄청나더라고요. 이건 나중에 따로 이야기할게요.

아들은 2학년을 마치고 대전과학고등학교를 조기 졸업했습니다. 졸업하는 겨울방학 때 후배들을 모아놓고 그다음 해 국제물리올림피아드 출전에 대비해서 노하우를 가르치고 공부 방법을 지도하더라고요. 결국 다음 해에 후배들이 금상, 은상을 받아 역대급으로 좋은 성적을 거두었습니다.

의대가 아닌 해외 대학 공대로
진학 결심

아들은 국제물리올림피아드 출전을 통해서 완전히 새로운 세상에 눈을 떴습니다. 공무원 아버지와 교사 어머니를 둔, 지방에서 공부는 좀 잘하지만 평범한 학생이었던 아들이 국제물리올림피아드 출전을 준비하면서 어마어마한 사람들을 만나고 전혀 다른 세상을 엿보게 되었기 때문이었죠.

국가대표로 뽑히면서 그 전해 국가대표로 나갔던 형들과 연결이 되었고 그러면서 머릿속이나 영화 속에서만 보던 진짜 천재 같은 사람들

을 현실에서 직접 맞부딪히게 되었습니다. 그분들과는 지금도 연락하고 산다고 하네요.

아들은 그들이 지난 학기에 들은 MIT 수업이 어땠고, 하버드 무슨 교수님이 어떤 이야기를 했다는 말을 자연스럽게 하는데 그게 너무 멋있었다는 거예요. 또 그전까지 천재는 멀리 있는 사람이었잖아요. 그런데 그들이 아들의 이름을 불러주면서 함께 밥도 먹고 게임도 하고 재미있는 농담을 주고받기도 한 거예요. 이를 통해 국가대표, 국제대회, 해외 유학 등은 먼 세상 남의 이야기라고만 생각했는데, 아들은 열심히만 하면 그러한 것이 판타지가 아닐 수도 있다는 생각을 했다고 합니다. 결국 말로만 듣던 하버드, MIT, 스탠퍼드에 가서 과학 연구를 마음껏 할 수 있다는 꿈에 부풀어 아들은 유학을 결심하게 되었습니다.

당시 아들하고 같이 공부해 상을 받은 열 명가량의 아이들은 대부분 의대로 진학했어요. 그때는 공부 잘하면 의대로 진학했거든요. 제가 공부하던 시대만 해도 공부 잘하는 애들이 다 공대에 갔어요. 그래서 우리나라 경제가 확 일어나면서 발전한 거죠. 그랬다가 공대 열풍이 꺼지면서 공부 좀 한다는 학생들은 죄다 의대로 몰려간 거예요.

다른 엄마들이 왜 아들을 공대로 보냈느냐며 아깝다고도 자주 말하더라고요. 그런데 아들은 과학 연구가 천직이에요. 공대로 갈 수밖에 없는 거죠. 자기가 좋아서 선택을 했어요.

하나에 미치는 경험이 불가능도 가능으로 바꾼다

　우리 남편이 결혼 전에 행정고시를 준비한다고 절에 들어가서 몇 달 동안 공부를 했습니다. 시험 딱 놔두고 최종 한두 달 동안은 아침에 일어나면 책상에 앉아서 밥 먹는 시간만 빼놓고 하루 종일 공부를 했대요. 속옷이 너무 더러운데 빨 시간이 아까워서 빨래도 안 하고 그걸 뒤집어 입고 앉아서 두 달 동안 집중적으로 공부에 파고든 거예요.

　그런데 어떤 일에 심하게 몰입하면 자기도 모르게 표정이 달라집니다. 그때 남편도 표정이 뭔가 딱딱해지고 어색해지더라고요. 어머니들이 아실지 모르겠는데, 공부를 극한으로 열심히 한 학생도 얼굴이 뭔가 느낌이 달라져요.

자기가 원하는 일을 하려면 이렇게 극한까지 밀어붙이는 노력을 해야 하는데 사실 그렇게까지 하는 게 쉬운 일은 아니잖아요. 얼굴이 일그러질 정도까지 공부해본 사람들이 얼마나 될까요? '나름' 열심히 했는데 안 된다고 얘기하는 사람들이 더 많아요.

학생들도 그런 경험을 해볼 필요가 있어요. 하지만 어머니들이 먼저 나서서 아이가 거기까지 가게 두지 않아요.

"그러다가 건강 해쳐, 그만하고 자."

내버려둬 보세요. 꼭 공부가 아니더라도 자기가 정말 이걸 해야겠다고 생각할 때 몸이 부서져라 도전해보는 게 있어야 해요. 이미 들어간 대학교를 자퇴하고 반수를 하겠다고 했을 때 자기 목적이 확고하다면 아이를 믿고 지지해주세요.

구멍 난 항아리에 물 채우기

남편은 공부를 밑에 큰 구멍이 있는 항아리에 물을 채우는 것과 같다고 비유했어요. 공부를 한다고 하는데 한편으로는 앞에서 공부한 것을 잊어버리잖아요. 그래서 또다시 공부하고 또다시 잊어버리고⋯ 그것이 마치 구멍 난 항아리에 물을 붓는 것 같다는 거죠.

그런데 이런 항아리에도 물을 채우는 방법이 있대요. 바로 짧은 시간에 엄청난 물을 확 붓는 거죠. 그럼 한순간 꽉 차잖아요. 그 한순간을 위해서 몇 개월 죽을 것같이 공부하는 거예요. 그런 시기를 겪어보지 않으면 얻을 수 없는 것들이 있어요.

아들 역시 그렇게 공부한 시기가 있었습니다. 고등학교 2학년 때 우리나라 대표로 국제물리올림피아드에 나갔다고 했잖아요. 이 대회를 준비하기 위해 아들은 서울로 올라가 서울대학교 물리학과 교수님께 지도를 받았습니다. 우리는 대전에서 사니까 서울대학교 앞 신림동 고시촌 같은 곳에 방 하나를 얻어주었는데 그곳에서 두 달쯤 있었나 봐요. 저는 주말이면 반찬도 해주고 이것저것 챙겨주기 위해 올라가려고 했는데, 아들은 교육 기간 내내 오지 말라는 거예요. 자기가 알아서 한다고. 옆에 식당이 하나 있으니까 거기서 밥 먹고 하겠다고요.

그래서 '알았다' 하고 거의 교육이 마무리될 즈음에 한 번 갔는데, 아들의 얼굴이 딱딱하게 일그러져 있는 거예요. 그 모습을 보자마자 눈물이 났습니다. 아들이 어느 정도 노력을 했냐면 8시에 일어나서 바로 공부를 시작해서 밥 먹으러 가야 하면 볼펜을 그 자리에 그대로 딱 놓고 갔다가 돌아와서 다시 또 공부를 했다고 해요. 하루 24시간 중 잠자는 시간과 밥 먹는 시간 빼고는 나머지는 다 공부에 쏟아부은 거예요.

아들은 저를 보자 쓴웃음을 지으며 말하더라고요.

"엄마, 나 말하는 법을 잃어버릴 거 같아."

사람들과 어울리기를 좋아하고 대화를 즐기던 아들이 혼자서 거의 말을 안 하고 공부만 하다 보니까 이런 지경까지 이르게 된 거죠. 이게 얼마나 지독한 자기 극기예요.

어떤 일이든 어느 정도 성과를 내려면 절대적인 시간이 필요합니다. 노력을 쏟아붓는 시간 말입니다. 어떠한 천재도 노력 없이는 아무것도 이룰 수 없어요. 극기의 시간을 견뎌낸 사람만이 뭔가를 얻을 수 있다고 봐요. 사람들은 그런 생각은 안 하고 결과만 놓고 보면서 '천재'라고 하죠. 우리 아들, 천재 아니에요.

10시간씩 자면서 공부했습니다

올림피아드를 준비하는 동안 아들이 말하기를 하루에 잠을 10시간을 잤대요. 1시간이 아니라 10시간입니다. 공부할 때 몰입하여 모든 것을 쏟아부으니, 어느 순간 건전지가 나간 것처럼 완전히 방전되어 잠을 자는 것이죠. 깨어 있는 동안 정말 최선을 다했기에 밤 10시가 되면 더 이상 아무것도 할 수 없는 상태가 되어서 잠에 빠져들었던 거예요. 그리고 낮에 맑은 정신을 유지하기 위해서라도 억지로 잠을 잤다고 했습니다. 아들은 그때 아버지가 고시 공부할 때 한 말을 상기했다고 하네요. "잠자는 시간을 아까워하지 말라, 문제는 눈 뜬 시간을 어떻게 활용하느냐에 있다." 그 말을 가슴에 새기고 하루 24시간 중 남은 14시간에서 화장실 가는 시간, 식당 가서 밥 먹는 시간을 딱 2시간만 쓰고 나머지 12시간을 완전히 집중해서 공부만 했대요.

어찌 보면 공부하는 기계 상태인 거죠. 영어로 수련이라는 뜻을 가진 discipline 상태로, 절제력을 가지고 수양하는 것은 정신적·육체적으로 굉장히 힘들어요. 당시 아들은 혼자 '아, 나는 기계다'라고까지 생각했다고 하네요. 아무하고도 대화를 안 하니까 말을 못 하게 되지는 않을까 무서워서 혼자 소리도 내보곤 했답니다. 그렇게 두 달 동안 기계같이 혹은 군인같이 완전히 제어된 삶을 산 거죠. 저는 아들이 공부를 열심히 했다는 것보다는 그렇게 자신의 삶을 스스로 제어할 수 있었다는 것을 대견하게 생각합니다. 마음이 짠하기도 하고요. 아직 고등학생이잖아요.

아마 이때 아들은 자는 시간에도 무의식적으로 공부를 한 것이 아닐까 생각됩니다. 잠을 잘 때 뇌가 낮에 받아들인 정보를 분류해서 적절하게 저장한다는 뇌과학 이론을 들어보셨나요? 그만큼 아들은 다른 모든 것을 제쳐두고 올림피아드 준비에만 매달렸습니다.

노력이 재미있어서
노력하는 것도 재능

그러니까 제 생각에 가장 중요한 것은 노력이에요. 천재성이 있어도 노력이 없으면 말짱 헛것이에요. 천재성은 우리 딸이 가지고 있는 것 같은데 학교 나와서 그냥 평범하게 살아요. 걔는 정말 머리가 좋다고 선생님들이 입을 모아 말했어요. 너무 영리해서 하나 하면 열까지를 알아들었어요. 그런데 딸보다 천재성이 없다고 한 아들은 그렇게 노력해서 자신만의 길을 닦아나갔습니다. 노력이 재미있어서요.

아들은 캘리포니아 공과대학에서 졸업할 때 파인만 상을 받았어요.

1965년 노벨물리학상을 받은 리처드 파인만이 이 대학에 교수로 재직한 것을 기념하기 위해 만든 상으로 정말 의미가 깊은 상이거든요. 우리 아들이 그거 받고 졸업하고 하버드 가서 석·박사를 한 다음 현재 MIT에서 교수로 재직하고 있어요.

한 고비만 넘으면 세상이 달라지는 거를 우리 아들은 알았던 거예요. 전교 1등 한 번 하면 내 레벨이 달라지고, 대회에 나가서 상 하나 받으면 레벨이 또 업그레이드되는 거를 알고 그걸 재미있어했으니까 가능했던 일이에요.

그런데 한 단계씩 넘을 때마다 굉장히 힘들어요. 그 힘든 시기를 이겨내야 해요. 얼굴이 비뚤어지고 말을 잃어버릴 것 같을 정도로 해야 해요.

엄마는 정말 걱정이 되죠. 하지만 아이의 뜻을 존중해주고 아이가 하겠다고 하는 걸 옆에서 도와주고 격려만 해주면 되는 거예요. 방 얻어주고 가끔 가서 청소해주는 것같이요.

칼럼

왜 공부하는가: 질문하지 않는 아이, 답하지 못하는 부모

제가 교사였을 때도 그렇고 제 아이를 키우면서도 느낀 것인데 아이들은 스스로에게 "왜 공부해야 하는가?"라는 질문을 하고 고민해 답을 구하려 하지 않아요. 부모 역시 마찬가지죠. 우리 아이가 왜 공부를 잘해야 하는지, 대학에 간다면 어떤 대학에 왜 가야 하는지, 대학이 중요한지 전공이 중요한지에 대한 명확한 답을 갖지 못한 채 막연한 기대와 사회적 압박에 떠밀려 진로를 결정하고 진학을 합니다.

특히 요즘 이과 학생들의 경우 의대 쏠림 현상이 심각하죠. 과학고등학교를 나온 학생들조차 계속해서 의대로 진학하는 상황은 흔히 말하는 '철학의 빈곤' 때문이라고 할 수 있습니다. 의사가 되면 행복할 것이라는 막연한 기대, 경제적 안정과 사회적 지위에 대한 동경이 실제 그 직업에 종사하는 사람들의 만족도와는 별개의 문제임을 간과합니다.

아이러니하게도 AI(인공지능)를 비롯한 과학기술의 발달로 새로운 직업들이 끊임없이 등장하고 있지만, 우리가 희망하는 직업의 범위는 여전히 제한적입니다. 앞으로의 세상이 어떻게 변할지 그 누구도 알 수 없는데 현재에만 매몰되어 있는 셈이죠.

덴마크의 경우 중학교를 졸업한 14~16세 학생이 원한다면 1년짜리 기숙형 학교에 다니면서 자신의 미래를 고민해보는 제도(에프터스콜레, Efterskole)가 공식적으로 운영되고 있다고 합니다. 이 기간 동안 다양한 체험과 공동생활을 경험해보고 자기주도적으로 자신의 인생을 설계하는 것이죠. 특히 진로에 대한 확신이 없거나, 심리적·정서적 안정이 필요한 학생에게 큰 도움이 된다고 합니다.

하지만 우리나라에서는 아이가 "고등학교에 가기 전에 1년 정도 쉬고 싶다"고 말한다면 부모들이 난리를 칠 것입니다. 재수, 삼수는 용인하면서도 중학교에서 고등학교로 넘어가는 시점에서 1년의 공백은 받아들이지 못하는 것이 우리의 현실이죠.

아이들에게 던지는
잔인한 질문

아이가 어렸을 때부터 주위의 많은 사람이 "너는 커서 뭐가 되고 싶어?"라는 질문을 자주 합니다. 그리고 "의사요", "변호사요", "대통령이요"라고 자신 있게 대답하면 박수까지 치면서 아이를 칭찬합니다.

그런데 이 아이들이 과연 의사, 변호사, 대통령이 뭔지 알고서 대답하는 것일까요?

사실 '나중에 커서 무엇이 될 거냐'는 아이들에게 굉장히 어렵고 잔인하기까지 한 질문입니다. 아직 이 사회에서 많은 것을 경험해보지 않았기에 아는 것이 별로 없는 상태인데 하고 싶은 일을 묻다니, 결국 아이에게 부모나 조부모의 희망대로 거짓말을 하라는 무리한 요구가 될 뿐이죠.

진정한 꿈이란 스스로의 경험을 통해 많은 것을 생각해가며 자기가 결정하는 주체적인 과정에서 생깁니다. 이것이 바로 저와 남편이 아이들에게 준 자율성이었습니다. 저를 포함하여 남편은 아이들에게 뭐가 되라고 말한 적이 없습니다. 자기 삶의 주인공은 바로 자신이니까요.

놀라운 사실은 고등학교 3학년이 되어 입시 원서를 쓸 때까지도 전공을 결정하지 못하는 아이들이 굉장히 많다는 것입니다. 이는 전교 1등, 2등을 하는 우수한 학생들도 마찬가지입니다. "나는 공부를 잘하지만 이걸 하고 싶어"라는 뚜렷한 꿈을 이야기하는 아이를 거의 보기 어렵죠. 또 아이가 주도적으로 자신의 꿈을 말한다고 해도 주위에서 "너는 공부를 잘하니까 여기를 가야 해" 하는 반박을 듣기 쉽습니다. 사람과 세상에 대해 고민한 자녀들을 응원해주는 분위기가 되어야 하는데 현실은 "너 나중에 어떡하려고? 뭐 먹고살려고 그래?"라는 잔소리를 하는 경우가 많습니다.

독립적인 삶의
필요성

요즘 부모는 종종 아이를 A부터 Z까지 완벽하게 키워야 한다는 의무감과 부담감을 느끼는 것 같습니다. 하지만 아이의 삶과 부모의 삶이 독립적으로 이루어질 때 각자 성장할 수 있습니다. 물론 서로 의지하고 기댈 수밖에 없는 관계이지만, 부모와 자식의 관계가 공부 문제에만 매이기보다 삶의 문제로 확장되어야 합니다.

아이들은 알고 있습니다. 부모는 그렇게 살고 있지 않으면서 아이에게만 다른 삶을 강요한다는 것을요.

아이가 넘어지면 뛰어와서 바로 일으켜주는 부모가 있고, 마음은 아프지만 지켜보는 부모가 있습니다. 후자의 경우 아이들은 스스로 일어나서 옷에 묻은 흙을 털고 다시 뛰어오죠. 부모는 아이들에게 방향을 설정해주거나 길을 안내해주려고 하지 말고, 자신들이 먼저 어디를 향해 걸어가고 있는지부터 고민해보아야 합니다.

부모가 "왜 살아가는가?"라는 질문에 답할 수 있을 때 비로소 아이에게 "왜 공부하는가" 질문하고 고민해보도록 할 수 있을 것입니다.

04

좌충우돌 미국 대학 생활과 군 복무

지원했던 모든 대학에서
다 떨어지다

아들은 중고등학교 내내 공부를 참 잘했습니다. 5학년 때 대전으로 전학을 가서 놓쳤던 학생회장을 제외하고는 항상 학생회장도 역임했어요. 대전과학고등학교를 2년 만에 조기졸업하고 국제물리올림피아드에서도 금메달을 수상하는 등 기본적으로 스펙이 너무너무 화려했죠. 게다가 리더십이 좋아서 아이들한테 인기가 많았고 후배들이 국제물리올림피아드에서 선전하기를 바라면서 겨울방학에 특강도 해주는 등 봉사정신도 있었습니다.

(위, 아래 왼쪽) 대학입시에 낙방하고
인생 공부를 많이 하게 된 조지타운 대학에서.
(아래 오른쪽) 아들에게 두 번의 기회를 준 삼성장학재단.

어디서나 눈에 띄는 사람을 '스타성'이 있다고 하잖아요, 우리 아들이 그랬죠. 그러니 미국 대학은 원서만 내면 다 갈 수 있을 줄 알았어요. 나름 자신감을 가지고 하버드부터 시작해서 아이비리그 대학에 원서를 쫙 냈어요.

그리고 장학금이 있어야 하잖아요. 엄마 아빠가 교사에 공무원인데 어떻게 유학 자금을 마련하겠어요? 그때 학비가 1년이면 5만 달러 이상이 들었어요. 최소 1년에 5만 달러가 필요한데 엄마 아빠 봉급 받는 거를 다 보태도 4년간 학비를 대는 건 무리였어요. 장학금이 없으면 안될 상황이었기에 우리는 이곳저곳에 장학금을 알아봤죠.

우리나라에서 받을 수 있는 장학금 중에서 제일 큰 게 대통령장학금과 삼성재단에서 주는 장학금, 두 가지가 있었어요.

삼성재단의 이건희장학금은 1년에 5만 달러를 4년 동안 주는 건데 장학금 수혜자가 졸업하고 나서 삼성에 근무해야 한다든가 같은 제약이 전혀 없었습니다. 대통령장학금도 똑같이 5만 달러에 조건이 없었어요. 두 군데를 신청했는데 다행히도 두 군데가 다 되었습니다.

인간 네트워크를 키우는 장학금

남편과 제 생각에는 대통령장학금이 더 영광스러웠어요. 조건은 똑같으니까 기왕이면 대통령장학금을 받았다고 하는 것이 뭔가 권위 있어 보이잖아요. 그랬는데 아들은 삼성재단의 장학금을 받겠다고 하더라고요.

왜 그러냐고 물었더니 삼성재단에서는 매년 학부생 몇 명, 대학원생 몇 명, 박사 몇 명 이렇게 해서 150명에서 200명가량 선발해 전 세계로 장학생을 보내는데 이들을 방학 때 다 모아 한 달 동안 캠프를 진행한대요. 그것도 전 세계를 돌아가면서 하는데 비용을 삼성에서 전액 지원한다고 합니다. 비행기값이며 숙소비, 행사비를 다 대고 삼성 최신 핸드폰 같은 것도 선물로 주고요. 해외에서 할 때는 공항에 내리면 리무진이 와서 픽업을 할 정도로 성대하게 치른다고 하더라고요.

중요한 건 그 자리를 통해 전 세계에 나가 있는 유학생들이 서로 정보를 주고받으면서 인간 네트워크를 만들 수 있다는 거예요. 그러니까 삼성재단은 '사람이 아무리 훌륭하고 능력이 있어도 자기 혼자서는 아무 일도 못 한다, 협업해야 일이 이루어진다'라고 여겨 인간 네트워크를 만들어주려고 캠프를 하는 거래요. (지금은 이 제도가 없어졌다고 합니다.)

아들은 이 캠프에 참가해서 세계 각국의 인재들과 만나보고 싶다는 이유로 삼성재단에서 주는 장학금을 받겠다고 한 거였더라고요.

대학에 다 떨어지고
무작정 미국으로

삼성재단 장학금을 받았으니까 돈도 다 해결됐죠. 이제 학교만 붙으면 아들은 미국으로 가기만 하면 되었습니다. 남편도 공무원 유학

신청을 하고 딸은 대학생이라 어학연수로, 저는 휴직을 하고 우리 가족이 모두 아들과 함께 1년 동안 미국에 가서 살다 오기로 했습니다.

그런데 세상에! 우리 아들이 하버드, MIT, 스탠퍼드 등 6개가 넘은 미국 대학교에서 모두 떨어졌어요. 국제물리올림피아드에서 금메달을 받고 자랑스러운 대전인 상을 수상한 학생을 안 뽑아줄 리는 없다고 생각해서 당연히 적어도 한 군데는 될 거라고 여겼고 내심 하버드에 가면 좋겠다고 기대도 하고 있었는데, 몽땅 떨어진 거죠!

정말 온 가족이 충격을 받았어요.

당시에는 왜 떨어졌는지도 몰랐는데, 나중에 파악해보니 미국 대학이 신입생을 뽑는 기준은 우리나라와 완전히 달랐습니다. 우리나라 대학은 공부만 잘하면 가는데, 미국 대학은 이 사회에 기여할 수 있는 학생을 받는 게 목표예요. 그다음 대학은 이런 학생을 사회의 지도자가 될 사람 또는 리더가 되어서 공헌할 인재로 만드는 거죠. 그런데 우리 아이는 입학 에세이를 그 방향으로 쓰지 않았어요. 그러니 다 떨어진 거죠.

삼성재단에서도 너무 황당해했어요. 여태까지 장학금을 받았는데 진학을 하지 못해서 장학금이 취소된 경우는 처음이라고 하더라고요. 남편은 유학 간다고 해놨지, 딸은 어학연수 간다고 휴학했지, 저 또한 휴직 신청을 한 상태이니 어떻게 하겠어요? 일단 무작정 미국으로 갔습니다. 그때 당시에는 아들의 SAT(미국 대학시험) 영어 점수가 안 좋아서 떨어졌다고 생각하고 영어 공부를 하면서 다시 대학 입학을 준비하자고 했지요.

남편은 일단 워싱턴DC의 조지타운 대학교로 연수를 갔습니다. 그렇게 미국 생활을 시작했는데 아무리 생각해도 아들의 입학 준비를 어떻게 해야 할지 모르겠어서 답답해하다 남편이 조지타운 대학교의 물리학과 학과장을 무작정 찾아갔어요.

남편은 아들의 이력서를 보여주면서 이러이러한 애인데 요번에 대학교에 들어가지 못했다, 보수도 필요 없고 아무 조건도 없이 그냥 물리학 사무실에 와서 청소를 시켜도 좋으니까 얘를 좀 한번 써봐 달라고 부탁을 했습니다. 그분이 아들 이력서를 보더니 워낙 스펙이 괜찮으니까 1년 동안 사무실에 왔다 갔다 하면서 물리학과 교수 연구실에서 허드렛일과 실험보조를 할 수 있도록 해주었어요.

아들은 이 교수님하고 아주 친해져서 물리학과 연구실에서 조교 아닌 조교가 되어 영어도 배우고 물리학 실험도 하고 한국에서는 할 수 없는 경험을 쌓으며 꽤 보람차게 지내더라고요.

조지타운 대학교 학과장이 써준 추천서

다음 해 대학 원서를 넣으면서 삼성재단에 장학금 신청서를 다시 썼습니다. 원래 한 번 신청하고 떨어지면 기회가 없는데 '이러이러해서 작년에 신청했는데 대학교에 모두 떨어져 다시 신청합니다, 요번에 기회를 주면 잘해보겠습니다'라고 솔직하게 적었어요. 그리고 정말 기적처럼 두 번째에도 장학금을 받을 수 있었습니다.

아들이 대학에 낙방한 그해 재수를 준비하면서도
우리 가족은 같이 여행을 많이 다녔습니다.

4장 좌충우돌 미국 대학 생활과 군 복무

이것 역시 나중에 알았는데, 고등학교 담임 선생님이 삼성재단에 편지를 썼다고 하더라고요. 최순원을 선발하지 않으면 이는 국가적으로 큰 손실이며 삼성에서 엄청난 실수를 하는 거라고 간곡하게 써서 보냈대요. 덕분에 삼성장학금이 취소되고 또다시 받은 처음이자 마지막 사례가 되었습니다.

조지타운 대학교의 학과장도 대학 추천서를 써주었습니다. 우리나라의 경우 추천서를 부탁하면 추천 내용을 당사자가 바로 볼 수 있잖아요. 그런데 미국은 대학 추천서를 딱 봉해서 전달해요. 아무도 못 봐요. 거기에 좋은 말이 있는지 나쁜 말이 있는지 몰라요. 그래야 교수가 정확하게 써줄 수 있으니까요.

사실 미국은 재수생을 잘 받아주지 않습니다. 미국 대학은 동일한 시점에서 동일하게 경쟁해서 떨어졌으면 그냥 끝이라는 생각을 많이 한다고 해요. 그러니 이번에 또 떨어지지 않도록 좋은 대학도 쓰지만 안전해 보이는 곳도 쓰자고 해서 최후의 보루로 조지타운 대학교를 적기로 했습니다. 조지타운 대학교는 정치외교학과는 유명한데 물리학과는 그리 유명하지 않거든요. 그전에 물론 조지타운 물리학과 교수님에게 상의를 했습니다.

"교수님, 조지타운 물리학과를 지원해볼까 합니다."

그랬더니 교수가 단번에 말렸다고 합니다.

"절대 안 된다. 네가 만약에 우리 학교에 지원한다면, 나는 너를 불합격시킬 것이다. 너는 여기서 공부할 아이가 아니다. 더 큰물로 가야 한다."

정말 고마운 말이었습니다. 아들도 우리 부부도 이 말에 큰 용기를 얻었고요.

그리고 이번에는 22군데에 지원했는데 다행히 캘리포니아 공과대학, 칼텍이라고 불리는 대학에 입학하게 됐습니다. 저는 칼텍이라는 학교 이름을 처음 들어봤습니다. 하버드, MIT, 이런 데는 익숙하지만 일반인은 캘리포니아 공과대학인 칼텍은 잘 모르잖아요. 그런데 칼텍이 노벨물리학상을 가장 많이 받은 학교라고 합니다. 조그마한 공대만 있는 대학인데도요.

참 쉽게만 생각했던 미국 대학 입학이었는데 그게 쉽지만은 않은 일이더라고요. 아들도 지금은 웃으며 회상하고 덕분에 인생 공부를 많이 했다고 말하지만 1년 동안 미국에서 대학 입학을 준비하면서 마음고생을 크게 했습니다. 무엇보다 1년 동안 열심히 했는데도 SAT에서 영어 점수를 단 1점도 올리지 못한 것에서 세상일은 열심히 한다고 다 잘되는 것은 아니라는 것을 배웠다고 하더라고요. SAT 점수를 올리지 못한 경험을 하고 나서, 성공하지 못한 사람은 열심히 하지 않았기 때문이라는 편견을 버릴 수 있었다고 해요.

당시에는 참으로 어이없고 황당한 일이었지만 그래도 엄마의 입장에서는 그 1년 동안의 미국 생활이 가족 모두가 함께한 소중한 시간이 되었습니다. 여유를 가지고 영어 공부를 하고 시간이 나는 대로 여행도 다니고 이것저것 정말 많이 보고 경험했습니다.

미국 대학 공부는
체력과 협업 능력이
중요하다

우리나라 학생들이 세계 다른 학생들과 비교해봤을 때 고등학교 때까지는 실력이 좋아요. 공부하는 시간이 절대적으로 많고 학원에서 선행학습을 한 효과로 성적도 좋은데, 아들이 미국 대학에서 공부해보니 대학생의 경우 미국 학생의 공부량이 훨씬 많다고 합니다. 대학에서는 몇 날 며칠 밤새워 공부하는 게 기본이기에 체력이 안 되면 따라가지도 못한다고 해요.

또 대다수 한국 유학생은 그동안 학원이다 과외다 엄마가 서포트해주는 대로 하기만 했는데 미국 대학 가면 다 혼자 해야 하잖아요. 혼자 공부하는 힘이 뒷받침되어야 유지가 되는데 그 힘이 딸린다는 겁니다. 그러니 갈수록 격차가 벌어지면서 나중에는 따라가기도 힘들다고 하더라고요. 시간이 갈수록 전세가 역전되는 거죠. 그러다 보니 좌절을 많이 하고 자살하는 친구들도 여럿 보았다고 했습니다.

결국 자기 집념과 투지, 체력이 정말 중요해요. 쉽게 되는 일은 없어요. 치열하게 공부하는 학생들과의 경쟁에서 살아남으려면 스스로가 단단해져야 합니다.

아들이 한국에 나왔을 때 의대에 들어간 고등학교 친구들과 주말에 만나 맥주 한잔하면서 이런저런 얘기를 했대요. 그런데 의대생들이 다들 공부가 힘들다, 공부할 양이 너무 많다고 푸념을 했다는 거예요. 아들은 친구들 얘기를 들으면서 이렇게 푸념할 정도면 그렇게 힘든 것도 아니다, 미국 애들은 주말에 마음 편히 술 마실 시간조차 없다고 했다더라고요.

밤마다 운동장을 뛰는 아들

제가 아들이 칼텍에 있을 때 한 번 찾아가 봤는데 운동을 별로 좋아하지 않는 아들인데도 밤마다 운동장을 뛰더라고요.

"웬일이냐, 네가 운동도 다 하고?"

제가 이렇게 물었는데 아들의 대답은 제 예상과는 완전히 달랐습니다.

"공부하려면 체력이 있어야 해서요."

그야말로 체력이 뒷받침되어야 공부를 지속할 수 있다는 거예요. 왜 옛날에 하버드 대학교를 배경으로 나온 영화나 드라마에 학생들이 며칠 밤낮을 씻지도 못하고 공부하는 장면이 많이 나왔잖아요. 그런데 그렇게 공부하기 위해서는 아무리 젊어도 체력을 키우는 게 필수라고 하네요. 아들 역시 체력의 중요성을 크게 느껴서 좋아하지 않는 운동을 계속하는 거였습니다. 그만큼 열심히 노력하는 모습이 인상 깊었습니다.

들어보니 칼텍에서 공부해야 하는 양은 살인적이었습니다. 한 학기에 다섯 과목 정도를 듣는데 일반적으로 각 과목에는 일주일에 하나씩 문제 세트(Problem Set)라고 부르는 숙제가 나옵니다. 연습문제를 푸는 것으로 한 세트가 보통 다섯 문제인데, 한 문제를 푸는 데 2시간 정도가 걸린다고 해요. 그러니까 세트 하나를 풀기 위해서는 10시간을 쏟아야 하는데 다섯 과목을 들으니 총 50시간을 숙제 푸는 데 할애해야 한다는 겁니다. 그 사이사이에 수업도 들어가야 하고 실험도 해야 하죠.

그래서 칼텍에서 아들의 하루 일정은 촘촘히 짜여 있었습니다. 아침에 일어나서 씻지도 않고 수업에 갑니다. 그다음 점심을 먹으면서 어제 다 하지 못한 숙제 문제들을 마무리하고 친구들과 답을 비교해보고 토론을 합니다. 오후에는 다시 수업을 들어갑니다. 오후 4시 정도에 수업이 다 끝나면 그때부터 본격적으로 새로 나온 숙제 문제를 풀기 시작합니다. 중간에 저녁도 대충 먹으면서 숙제를 하면 새벽 2시 정

(위) 아들이 밤마다 달리기를 하던 운동장.
공부에서 체력은 기본입니다.
(아래) 칼텍 졸업사진.

도에는 숙제가 거의 마무리됩니다. 그럼 잠시 눈을 붙였다가 다시 다람쥐 쳇바퀴 돌 듯 다음 날에도 똑같은 생활을 하는 거죠.

이렇게 주중에 5일간 생활하면, 토요일에는 녹초가 되어 하루 종일 자고 저녁이 되어서야 간신히 시간을 내서 친구들이랑 운동을 한다든지 간단하게 맥주를 마실 수 있다고 합니다. 일요일에는 밀린 청소와 빨래를 하고 일요일 저녁부터는 다시 숙제를 합니다.

이러한 생활을 기계적으로 10회 반복하면 한 학기가 끝납니다. 그런데 친구 생일파티라든지, 평일 날 공연이라도 보기 위해 하루 숙제를 못 하면 일상이 깨지고 완전 혼돈의 날들이 시작되는 거죠.

그래서 체력이 너무나도 필요하다고 합니다. 몸이 무너지면 결국에는 마음이 무너지고, 무슨 일이든 포기하게 되니까요. 아들은 우연히도 운동을 좋아하는 친구랑 룸메이트가 되어 그 친구랑 거의 매일 운동을 했다고 했습니다.

체력 못지않게 중요한
협업 능력

당연한 말이지만, 대학에서 이 숙제 문제를 처음부터 끝까지 혼자서 다 푼다는 것은 불가능에 가깝다고 합니다. 아들 역시 졸업할 때 파인만 상을 받을 정도로 우수한 성적을 유지했으나 대부분의 숙제 문제를 친구들과 같이 풀었대요. 아들이 물리를 잘하니 먼저 숙제 문제를 물어보러 오는 친구들이 많아서 그들과 논의해 가면서 했다고 합니다.

미국인 친구들이 아들의 못 하는 영어를 엄청 집중해서 들어주니 대화를 많이 하게 되어 영어도 빨리 늘었다고 하더라고요.

　물리학 분야는 연구를 혼자만 하는 경우가 거의 없습니다. 협업 능력은 나중에 연구 과제를 할 때도 큰 힘을 발휘하기에 혼자서 공부하던 습관을 가지고 있는 한국 학생들이라면 빨리 함께 공부하는 습관을 길러야 합니다.

아버지의
단 하나의 요청,
해병대 입대하기

아들은 4년간 캘리포니아 공과대학에서 공부했는데 그 기간이 2006년부터 2012년까지입니다. 햇수로 치면 6년인데 사실 그 중간에 2년간 휴학을 해서 그런 거예요.

이공계 유학생으로 미국 영주권 신청을 하면 병역을 연기할 수 있었지만 아버지와 의논해 병역을 미루지 말고 깔끔하게 마치자고 결정하더니 아버지의 권유로 해병대에 자원하기로 했습니다.

남편은 해군 해병대 장교 출신이에요. 해병대가 다 좋을 수는 없지만 강한 국가관과 사회적 리더십을 키우고 스스로 나약해지는 것을 막으려는 청년이라면 좋은 선택이 될 수 있다면서 아들에게 권했다고 해요. 해병대는 단지 힘든 곳이 아니라 의리와 결단력, 그리고 심장을 단련하는 곳이라고 믿었기에 해병대 복무를 권한 것이죠. 강요까지는 아니었겠지만 제가 봤을 때 해병대에 갔다 와야 인간이 된다면서 좀 강하게 말하더라고요.

"고생을 두려워하지 말아라. 다 할 만하니 복무하는 거란다. 이 경험이 너의 인생을 더욱 빛나게 할 것이다. 유학 가면 어떻게 해서든 군대를 안 가려고 한다지만 군대를 다녀오면 세상을 바라보는 시각이 달라질 것이다."

이렇게 말하는데 제가 말릴 수가 없더라고요.

이는 남편이 경험을 통해 얻은 확신이었어요. 행정고시에 합격해 얼마든지 편안하게 군 생활을 할 수 있었음에도 스스로 자원해 우리나라에서 가장 힘든 훈련을 받은 것이 결국 자신을 단련시키고, 삶의 기반을 단단히 만들어주었다고 여겼기 때문입니다.

아들 역시 두뇌를 활용해 문제를 해결하는 과학자의 길을 걷고 있지만 어려서부터 아버지의 영향을 받아 육체적, 정신적 단련이 필요하다고 생각했습니다.

평발인지도 몰랐던
엄마의 안타까움

아들이 군 입대를 앞두고 신체검사를 받으러 갔습니다. 그랬는데 평발인 거예요! 그동안은 완전히 몰랐죠. 결국 공익으로 가게 되었고, 아들은 이를 두고두고 서운해했습니다. 극한 상황을 겪으면 몸도 마음도 단단해질 수 있다는 생각에 해병대에 가는 것도 크게 싫지 않았다고 하더라고요.

저는 아들이 평발이라는 말을 듣자 아이들 어렸을 때의 기억 하나가 떠올랐습니다. 아들이 일곱 살 무렵, 종종 집 뒤 북한산을 가족이 다 함께 올랐습니다. 당시 아들은 산길을 오르다 꼭 중간에 쪼그려 앉아 쉬어 가자고 했습니다. 당연히 아이가 가기 싫어서 요령을 피우는 줄 알았죠. 또다시 아들이 바위에 걸터앉아 쉬자고 했을 때 남편은 아이가 조금이라도 힘을 낼 수 있도록 한니발 이야기를 들려주었습니다.

한니발은 기원전 264~146년까지 로마와 카르타고 간에 벌어진 포에니 전쟁의 영웅으로, 알프스를 넘어 로마로 진격했던 장군이에요.

"아들아, 한니발은 알프스를 넘었는데 그 산이 얼마나 험한지 아니? 겨울에 눈 덮인 산을, 그것도 코끼리까지 끌고 넘었단다. 그런데 너는 이 북한산도 못 넘니?"

그 말을 듣자 아이는 벌떡 일어나 힘차게 걸음을 내디뎠습니다.

군 신체검사를 받고 나서 평발인 아들이 그때 산을 오르며 얼마나 힘들었을지, 얼마나 아팠을지를 알 수 있었습니다. 아이는 그 고통을 견디고 산에 올랐던 것입니다.

　순간 눈물이 많지 않은 저이지만 울컥 감정이 북받쳐 올랐습니다. 왜 그때 아이 고통을 알아주지 못했을까 안타까운 마음이 들었습니다. 아이가 힘들어할 때 그냥 타이르기보다는 아이의 이야기에 귀를 기울이고, 함께 방법을 찾아 나갔으면 얼마나 좋았을까요? 힘들었을 텐데도 한니발 이야기에 다시 발걸음을 내딛던 아들의 모습이 지금도 제 마음속에 아픈 사진으로 남아 있습니다.

　다 안다고, 내가 내 자식을 제일 잘 안다고 생각했지만 정작 내 아이의 아픔을 몰랐던 시간이 존재했던 것에 세상에 완벽한, 완전한 엄마는 있을 수 없구나 하는 생각이 다시금 들었습니다.

뜻밖에 축복이 된 공익근무

　아들이 평발이라는 사실이 밝혀지면서 해병대는 물론 일반 군 복무도 어려워졌습니다. 대신 공익근무요원으로 복무하게 되었는데 이는 우리 가족에게 뜻밖의 축복이 되었습니다.

　공익근무는 일반 군 복무보다 한 달이 더 길었지만, 그 2년 1개월 동안 가족이 다 함께 지낼 수 있었습니다. 그간 해외에 있어 떨어져 살았고 군대에 가면 또 떨어져 있어야 했을 텐데, 매일 출퇴근하는 공익근무 덕분에 가족이 같은 공간에서 생활하는 소중한 시간을 누리게 된 거죠.

유쾌한 우리 가족.
아들의 군 복무 기간은 다시금 네 식구가
함께한 시간이었습니다.

워싱턴DC의 조지타운에서 온가족이 1년 동안 함께한 이후 또다시 완전체로 가족이 뭉쳤습니다.

그때 가족끼리 주말마다 특별한 식당을 찾아갔던 게 떠오르네요. 당시 가족 중에 명퇴 후 수입이 없던 저를 제외하고 남편, 딸, 아들이 모두 돈을 벌고 있었습니다. 그래서 주말마다 돌아가며 한 명씩 자신이 찾아낸 특별한 식당에 가족을 데리고 가기로 했어요. 조건은 간단했습니다. 비싸고 좋은 식당이 아니라, 모두에게 새로운 경험을 줄 수 있는 특별한 장소여야 한다는 거였죠. 선택한 식당이 나머지 가족의 마음에 들면 다음 차례로 넘어가지만, 평범하거나 실망스러우면 다시 식당을 찾아 대접해야 하는 방식이었어요. 물론 식사비도 소개한 사람이 부담해야 하니 비싸지 않은 식당을 고르는 것도 중요하죠.

남편은 주로 무난한 '아저씨 취향'의 비싼 식당을 골라 퇴짜를 자주 맞았고, 딸은 직장 생활을 하면서 알게 된 독특한 외국 식당으로 데려가 높은 점수를 받았습니다. 아들은 대학가의 아기자기한 다락방 같은 분위기의 식당을 잘도 찾아냈죠. 이렇게 서로의 취향과 개성을 공유하며 함께 새로운 경험을 쌓아가는 과정이 참 즐거웠습니다.

그중에서도 가장 기억에 남는 곳은 '블라인드 레스토랑'이었습니다. 이 식당은 완전한 어둠 속에서 식사하며 시각 장애인의 삶을 간접적으로 체험할 수 있는 곳이었어요. 입장할 때는 앞사람의 어깨를 잡고 줄지어 들어가야 했는데 적외선 안경을 쓴 웨이터가 손님을 이끌었습니다. 간신히 테이블에 앉고서는 그 깜깜한 상태 그대로에서 수프와 스테이크 같은 음식을 먹어야 했습니다. 아무것도 보이지 않으니 숟가락과 포크로 음식을 뜰 때마다 긴장이 되더라고요. 음식이 제대로 떠졌는지, 뜨거운지 차가운지도 알 수 없어 온전히 감각에만 의존해야 했습니다.

그 경험은 불편함을 통해 시각 장애인의 어려움을 조금이나마 이해하게 된 소중한 시간이었습니다. 벌써 20년이 지난 일이지만, 아직도 잊히지 않네요. 이런 식당이 다른 도시에도 생긴다면 사람들에게 감각과 장애에 대한 새로운 시각을 열어주는 좋은 체험을 줄 것 같습니다.

때로는 우리가 선택하지 않은 다른 길이 더 큰 행복과 의미를 가져다줄 수 있습니다. 결국, 인생은 어떤 길을 걷느냐보다 그 길을 어떻게 받아들이고 어떻게 성장하느냐가 중요한 것 아닐까요? 하나하나의 선택과 그 과정에서 얻은 배움과 즐거움은 우리 가족에게 잊지 못할 추억이 되었습니다.

우리 부부가 만들고 싶은 가족의 모습

시댁의 남편 형제자매가 아들 넷에 딸이 셋이어서 총 일곱 명이나 됩니다. 이들이 다 결혼해서 아이들을 낳으니까 전체가 한 30~40명 가까이 늘어나더라고요. 워낙 형제자매 간에 우애가 좋은데 인원이 이렇게 많아지니 명절이라고 해도 누구네 집에 한꺼번에 다 모이는 게 쉽지 않았습니다.

그렇지만 어떻게 해서든 만나야 한다는 대명제를 두고는 형제들끼리 협의를 하더라고요. 결국 시부모님이 유산을 조금 남기셨는데 그걸로 가족 우애를 다지는 행사를 하기로 결정했습니다.

드럼을 치고
기타를 연주하고

    그래서 우리 집안 대가족은 1년에 두 차례 전체 정기모임을 합니다. 봄에는 체육관을 하나 빌려 팀을 나눠 운동회를 해요. 딸 팀, 아들 팀 그렇게 하니 대충 숫자가 맞더라고요. 걷지도 못하는 갓난아기부터 칠십 노인까지 모두 참여하는 겁니다. 팀별로 단체 티도 맞추고 종목을 굉장히 신중하게 결정했습니다. 모든 사람이 참여할 수 있도록 말이죠.

    〈만지체육대회〉라고 플래카드도 겁니다. 만지(晩之)는 시아버님 호예요. 줄넘기, 훌라후프, 윗몸일으키기, 피구, 부부 대항 배드민턴 대회를 상금까지 걸고 하는데 채점 기준이 재미있습니다. 윗몸일으키기의 경우 한 횟수에 자기 나이를 더해서 점수를 산출합니다. 70대는 한 번만 해도 71회 한 거고, 스무 살짜리 조카애는 50회를 해야 70이 되는 겁니다. 그렇게 점수를 매기니까 나이에 무관하게 모두 상을 받을 수 있어 재미나더라고요. 도시락 배달을 시켜서 점심을 먹고 국악을 배운 시누들이 공연을 하고 아이들은 연극을 해 하루 종일 행사가 이어집니다.

    가을에는 소풍을 가서 가족별로 장기자랑을 합니다. 손주부터 어른까지 소가족의 구성원이 다 참여해 장기자랑을 준비해야 하는 거죠. 한번은 우리 가족이 좀 특별하게 하고 싶어서 '가족 밴드'에 도전했습

우리 가족의 든든한 지원군.
1년에 두 번 칠형제가 모두 모여서
퀴즈대회와 체육대회를 합니다.

4장 좌충우돌 미국 대학 생활과 군 복무

니다. 남편이 키보드, 딸은 드럼, 아들은 전자기타를 맡고 저는 노래를 했어요.

앞에서 우리 가족이 악기를 배우다가 그만둔 이야기를 했잖아요. 그런데 어느새 가족이 악기를 배운 건가 여기실 텐데 사실 그때까지도 다들 악기를 다룰 줄 몰랐습니다. 그런데도 시도를 한 거죠. 장기자랑 하기 석 달 전에 학원에 등록해서 딱 두 곡만 연주할 수 있게 해달라 부탁드렸습니다. 한 곡은 〈미션 임파서블〉 주제곡, 또 한 곡은 조용필의 〈여행을 떠나요〉를 준비했는데 가요를 먼저 하고 앵콜이 나오면 영화 음악을 연주하기로 작전을 짰습니다. 영화 음악이 빠르고 박자도 복잡해서 어려웠지만 목표를 높게 잡은 건데 우리 가족은 멋지게 연주를 해냈습니다.

굳건하게 연결되어 있는
가족의 탯줄

이때 딸은 직장에 다니고, 아들은 공익이라 매일 출퇴근하고, 남편도 마침 야근이 많지 않은 직무를 맡고 있어서 시간이 있었습니다. 주중에는 각자 학원에서 연습하다가 주말에 연습실에 모여서 맞춰보았는데 '아빠가 박자를 놓쳤네', '누가 음을 틀렸네' 그러면서 참 많이도 웃었습니다. 연습이 끝나면 동네 족발집에서 맥주를 놓고 뒤풀이도 했습니다. 참 행복한 시간이었어요.

우리 부부가 만들고 싶었던, 가족 구성원 누구도 스트레스를 받지

않고 즐기면서 살 수 있는 그런 가정이 이루어진 것이죠.

대부분의 가정이 아이들이 나이가 들어갈수록 다 같이 무엇을 하는 것을 싫어한다고 하는데 우리 가족은 '얘들아, 이번에 이거 하자' 할 때 다들 '좋아요, 그거 참 좋겠네요'라고 반응해주었습니다. '귀찮아서 안 할래요' 같은 말이 나온 적이 없습니다.

늦저녁에 남편이 "맥주 한잔할까" 하면 무조건 "아, 그럴까요" 하고 바로 호응을 합니다. 아버지 말에 한 번도 토를 단 적이 없습니다.

딸은 결혼해 나가고 아들은 미국에서 교수 생활을 하기에 자주 볼 수 없지만 가족의 탯줄은 아직까지 굳건하게 연결되어 있습니다.

손녀를 위해 동화를 쓰고
자식들과 중요한 일 의논하기

남편이 퇴직하고 집에 있는 시기에 이런 일도 있었습니다. 어느 날 찾아온 딸이 자기도 제 딸을 팔에 뉘어놓고 "옛날에 말이지…" 하면서 좋은 이야기를 해주고 싶다는 거예요. 딸아이가 어렸을 때 아버지가 지어서 해준 옛날이야기를 너무 재미있게 들었던 기억이 아직까지 선명하게 남아 있다고 하면서요. 부모가 해준 작은 이야기가 아이 평생의 기억으로 남을 수 있다는 점에 깜짝 놀랐습니다.

그러면서 딸은 "아빠, 손녀를 위해서도 그런 이야기를 만들어주세요"라고 했습니다.

남편은 내가 이 나이에 무슨 동화를 쓰냐고 하면서 난감해했죠. 하

책으로도 출판된
미노스의 가족동화

지만 딸이 옆에서 도전해보라면서 부추기고 나 또한 은근슬쩍 옆구리를 찔렀습니다.

"손녀를 위해 할아버지가 동화를 써주는 것만큼 의미 있는 일이 어디 있겠어요?"

남편은 제 말이 가슴 깊이 와닿았는지 동화를 쓰기 시작했습니다.

막상 쓴다고 공언을 해놓고 보니 남편은 어디서부터 시작해야 할지

막막하여 무작정 서점에 가서 동화책을 다 봤대요. 백설공주, 인어공주 이런 것들을 다시 한번 읽어보고 안데르센 동화집도 전집을 사 다시 본 거죠.

그러다가 남편은 아이들에게 시중에 나온 이야기들이 과연 적합한지 의문이 들었다고 합니다. 예컨대, 백설공주에서는 새 왕비가 의붓딸을 질투하여 죽이려 하고, 인어공주는 착한 일을 했지만 물거품이 되어 사라졌잖아요.

그래서 남편은 아이들의 순수한 마음에 맞는 감동과 재미, 교훈을 담은 이야기를 만들어야겠다고 결심했다고 합니다. 그렇게 첫 번째 동화를 완성해 딸에게 보냈고 딸과 손녀가 재미있게 읽었다는 말을 듣고 계속 몇 편을 썼습니다. 그러다가 인연이 되어 〈미노스의 가족동화〉라 해서 인터넷 중앙일보에 격주로 연재도 하게 되었습니다.

또 아들은 아직도 중요한 일이 있을 때마다 아버지의 조언을 구합니다. 한번은 중국에서 아들에게 파격적인 제안을 해 스카우트하려고 했습니다. 그때 남편은 '서른한 살의 학자에게 연구소를 세워주겠다는 것은 좋은 기회임에는 틀림없으나 세 가지 이유로 반대한다'라고 말했습니다. 첫째, 중국은 미국과 양자컴퓨터를 둘러싸고 경쟁하고 있는데 미국에서 공부한 순원이 중국을 돕는 것은 우리나라의 국익뿐 아니라 미국과의 신의에 반하는 일이라 안 된다. 둘째, 아직 아들은 더 공부해 큰 연구자가 되어야지 현 상태에 안주해서는 안 된다. 셋째, 먼저 미국의 지도교수와 상의해 그의 말에 따르는 것이 좋다라고 충고한 거죠. 그래서 아들은 결국 중국의 제안을 거절하기도 했습니다.

4장 좌충우돌 미국 대학 생활과 군 복무

MIT 교수의 멍 때리기, 결론은 다시 상상력이다

아들이 캘리포니아 공과대학을 졸업할 때 진로를 고민하는데 지도 교수가 완전히 오픈 마인드를 가지고 조언을 하더라고요.

"너는 여기에서 공부했으니 대학원은 하버드로 가라."

미국은 순혈주의를 배격해서 서울대학교를 나오면 서울대학교에서 교수가 될 수 없습니다. 자기 제자라고 해서 자기가 데리고 키우는 게 아니라 다양한 경험을 하면서 공부하도록 하는 거죠. 캘리포니아 공과대학은 서부에 있고 하버드는 동부에 있으니 지역적으로도 완전히 반대예요.

아들은 당시 하버드를 비롯해 MIT, 스탠퍼드, 버클리 등 미국에서도 내로라하는 명문 대학들의 대학원 과정에 합격한 상태였습니다. 또한 버클리(버클리 펠로우십)와 스탠포드(스탠포드 펠로우십) 등에서 특별장학금 제안까지 받았지만, 지도교수님의 조언에 따라 장학금과 관련없이 학문적인 관심이 제일 잘 맞는 하버드로 진학했습니다.

"장학금보다는 순수 물리학 분야에서 최고의 대학원으로 꼽히기에 하버드를 택했다. 순수 물리학 분야에서 노벨상을 타고 싶다."

당시 아들이 한 신문사와 한 인터뷰에서 밝힌 포부입니다.

이후 서부로 가서 캘리포니아 버클리 캠퍼스에서 밀러 리서치 펠로 연구원을 하다가 MIT에서 양자물리학을 가르치는 교수가 되었습니다.

그런데 아들은 연구를 계속해 나가면 어느 순간 책이 더 이상 의미가 없어진다는 말을 했습니다. 물리학에서 연구라는 것은 새로운 이론이나 현상을 알아내는 작업이기에 극한으로 갈수록 상상력이 중요한 역할을 한다는 거죠. 아니, 물리학뿐만 아니라 철학, 문학 등 분야를 가리지 않고 그 끝에는 상상력이 있다는 거예요.

상상력은 모든 학문의 기초이자 핵심입니다. 아이작 뉴턴은 사과가 떨어지는 걸 보고 '왜 떨어지지?'라고 생각하며 상상력을 무한대로 펼쳐내 중력 이론을 만들어냈잖아요. 아들 역시 양자물리학 분야에서 무궁무진한 상상력을 통해 다양한 이론을 만들어내고 있습니다.

아이비리그 대학의 복도는
칠판으로 되어 있어요

MIT 물리학과 교수들은 앉아서 멍 때리는 게 일과래요. 그 사람들은 머릿속으로 생각하는 게 일인 거죠. 그렇게 아이디어를 떠올리면 조교들과 함께 그것을 연구해 수식으로 증명해냅니다.

정말 특이하죠. 멍 때리는 것이 자신의 생각을 정리하는 시간인 거예요. 사실 멍 때리는 게 아니라 깊은 사고를 하는 시간이죠.

또 하버드나 MIT처럼 창의력과 상상력이 중요한 대학에서는 복도의 벽에 칠판을 붙여놓는다고 합니다. 학생들이 갑자기 떠오른 아이디어를 벽에 바로 써가며 생각을 확장할 수 있도록 한 거죠. 상상력을 자극하고, 상상의 날개를 언어적 범위까지 펼칠 수 있는 환경을 만들어준다는 사실만 봐도 상상력이 얼마나 중요한지 방증하는 것 아닐까요?

상상력은 책을 읽거나 공부를 잘하는 것과는 또 다른 차원의 능력인 것 같습니다. 물론 책도 상상력을 키워주는 도구가 될 수 있지만, 아이들이 상상력을 더 극대화하도록 도와주려면 마음껏 상상할 수 있는 환경을 만들어주는 게 중요하다고 생각해요.

그런데 우리나라 교육은 오히려 반대로 가고 있는 것 같습니다. 한번은 시청에서 열린 '한글왕 대회'에 갔습니다. 약 50명의 어린이가 참가해 골든벨 방식으로 진행되는 퀴즈를 풀었습니다. 문제는 띄어쓰기, 맞춤법, 내용 이해를 묻는 등 상당히 난도가 높았습니다. 대회가 끝난 후, 결과를 집계하기 위해 대략 50분 정도의 시간 공백이 생겼는데, 그

(위) 언제 어디서든 떠오른 생각을 적을 수 있는 칠판.
(아래) 하버드 대학 졸업식.

동안 사회자는 어린이 장기자랑이라면서 음악에 맞춰 춤을 출 사람을 자원하게 해서 무대로 초대했습니다.

그런데 흥미로운 장면이 펼쳐졌습니다. 초등학생 여자아이 두 명이 나왔는데, 첫 곡이 나오자 한 아이는 음악에 맞춰 춤을 신나게 췄고 다른 아이는 어색한 표정으로 가만히 서 있더라고요. 다음 곡이 나오자 상황은 뒤바뀌었습니다. 이번에는 아까 가만히 있던 아이가 열심히 춤을 췄고 반대로 처음 춤을 추던 아이는 그냥 서 있었습니다.

요즘은 아이돌의 음악에 맞춰 정해진 춤이 있나 봅니다. 춤은 자신의 흥대로 자유롭게 움직이는 것이라고 생각했는데 이 아이들은 자신이 아는 곡의 춤만 추고 모르는 곡이 나오면 움직이지 않았던 겁니다. 마치 '이 음악에는 딱 정해진 춤만 추어야 한다'라는 사고에 갇힌 듯 보였습니다.

이 역시 우리 아이들이 얼마나 경직된 사고방식을 가지고 있는지 보여주지 않나요? 과거보다 다양성과 창의성이 더욱 중요시되는 이 시대에, 아이들의 개성과 자유로운 표현은 점점 더 사라져가는 듯합니다. 교육 현장이 아이들에게 틀에 박힌 사고를 주입하는 것이 아닌, 개성과 창의력을 키울 수 있는 환경을 만들어야 한다는 생각을 다시금 하게 되었습니다.

스스로 생각하고
고민하는 힘

아들은 고등학교 때 서울대학교 물리학과 교수님에게 국제물리올림피아드 대회를 준비하기 위해 지도를 받았는데 당시 그 교수님이 우리 아이에 대해 굉장히 흥미로운 평가를 해주었어요.

다른 학생들은 문제를 풀 때 학원에서 배운 공식 풀이 방식을 사용해서 비슷한 방법으로 문제를 푼대요. 하지만 우리 아이는 정석에서 벗어나 자신만의 창의적이고 새로운 방법으로 문제에 접근하더라는 겁니다. 교수님은 이를 보고 '특이하다'는 표현을 쓰셨는데, 저는 그게 아들의 상상력과 창의력에서 비롯된 거라고 생각합니다.

아들의 어린 시절을 돌아보면 빈둥거리며 혼자 놀고, 골목을 돌아다니며 상상에 빠지던 시간이 많았어요. 그때부터 아이는 뭔가를 스스로 생각하고 고민하는 힘을 키웠던 것 같습니다. 종종 혼자 고민에 빠져 있었는데, 그 시간 역시 아들만의 연구나 공부의 순간이었다고 생각해요.

특히 아들은 노트에 무언가를 정리하며 사고를 체계화하는 스타일이에요. 공부할 때 썼던 노트를 보면 수많은 수학 공식과 계산들이 빼곡히 적혀 있어요. 아이는 이렇게 정리하면서 자신만의 방법으로 개념을 다지고, 문제를 해결하는 방식을 만들어간 것 같습니다.

결국 이런 습관과 사고 과정이 아이를 독창적으로 만들어준 게 아닌가 싶습니다. 독창성이야말로 학문이나 연구에서 가장 중요한 자질입니다.

칼럼

내가 이해해본 양자역학

2024년 12월에 아들이 대전에 있는 학생과 학부모를 대상으로 〈과학 콘서트〉 강연을 했습니다. 거기서 자신이 연구하고 있는 '미래를 바꿀 양자컴퓨터 이야기'를 했는데 엄마로서 자식의 강의를 주의 깊게 들었는데 꽤 어렵더라고요. 하지만 양자컴퓨터, 양자역학의 시대가 곧 도래해 미래 사회가 획기적으로 바뀔 것이기에 누구나 이를 알아야 한다는 점은 확실하게 알 수 있었습니다.

요즘 양자컴퓨터가 정말 대세입니다. 구글에서는 세계 최고 성능의 슈퍼컴퓨터로 14년 걸릴 계산을 단 5분 만에 끝내는 양자컴퓨터를 만들었고, 미국과 일본은 중국의 양자기술 개발을 견제하기 위해 수백억 달러를 투자하고 있습니다. 우리나라도 카이스트에 양자대학원을 만들 정도로 이 분야에 관심이 높습니다.

그럼 제가 이해해 풀어낸 양자역학 기초 강의, 우리 엄마 아빠들도 한 번 알아볼까요?

양자혁명이 만든 세상
원자 하나를 조종하는 마법 같은 기술

지금 여러분이 사용하는 스마트폰, 컴퓨터, 인터넷이 모두 어디에서 시작되었는지 아세요? 바로 100년 전 '제1차 양자혁명'에서 비롯되었습니다.

양자역학이라는 학문이 생기면서 과학자들은 아주 작은 세계, 즉 원자와 전자의 비밀을 알게 되었습니다. 전자가 움직이면 전기가 흐른다는 원리를 깨달으면서 반도체를 만들 수 있게 되었고, 이것이 모든 전자기기의 심장이 되었죠.

빛에 대해서도 새로운 발견을 했습니다. 촛불이나 전구는 그냥 밝기만 조절할 수 있지만, 레이저는 빛의 '질'까지 조절이 가능합니다. 이 레이저 기술 덕분에 광통신과 인터넷의 세상이 열린 것이지요.

그리고 1981년, 물리학자 리처드 파인만은 정말 특별한 아이디어를 냈습니다.

"자연을 제대로 이해하려면 컴퓨터 자체가 양자역학 원리로 작동해야 한다."

이 아이디어로 인해 제2차 양자혁명이 시작되었습니다.

양자 기술이 어디까지 발전했는지 알면 정말 신기할 거예요. 마치 마법 같거든요.

먼저 아주 강한 레이저 빛을 한 점에 모아서 원자 하나를 '잡아요'. 핀셋으로 구슬을 집듯이 빛으로 원자를 집는 겁니다. 그다음 또 다른 레이저로 그 원자 안의 전자를 조종해요. 전자가 안쪽 궤도에 있으면 0, 바깥쪽 궤도에 있으면 1이 되어서 정보를 저장하는 겁니다.

하버드 대학교, 마이크로소프트, MIT 연구진들이 만든 동영상을 보면 정말 놀라워요. 초록색 점으로 보이는 원자들이 레이저에 의해 이리저리 움직이면서 서로 정보를 주고받는 모습을 실시간으로 볼 수 있거든요. 말 그대로 원자 하나, 전자 하나를 마음대로 조종하는 기술이 현실이 되었습니다.

우리 생활을 완전히 바꿀 수 있는 양자 기술은 크게 네 가지 분야로 나누어 생각할 수 있습니다.

첫째, 양자컴퓨팅입니다. 일반 컴퓨터는 0 아니면 1만 처리할 수 있지만, 양자컴퓨터는 0과 1이 동시에 존재하는 신기한 상태를 이용합니다. 그래서 특정 문제들을 엄청나게 빠르게 풀 수 있습니다.

둘째, 양자 시뮬레이션입니다. 지금까지 신약이나 새로운 물질을 만들 때는 무작정 실험실에서 이것저것 섞어보아야 했습니다. 마치 설계도 없이 집을 짓다가 마음에 안 들면 부수고 다시 짓는 것처럼요. 하지만 양자 시뮬레이션을 쓰면 컴퓨터에서 미리 완벽한 신약을 설계한 다음에 실제로 만들 수 있게 됩니다.

셋째, 양자 센싱입니다. 이 기술의 정밀도는 상상을 초월합니다. 손가락 한 마디 높이 차이로 생기는 중력 변화도 측정할 수 있거든요. 이런 초정밀 양자 센싱을 트럭에 싣고 도로를 달리면 땅 속에 석유나 금이 있는 것도 알 수 있습니다. 땅을 파보지 않고 말이에요!

넷째, 양자 통신입니다. 쉽게 말해 지금보다 훨씬 안전한 통신을 할 수 있게 해주는 기술입니다.

지금까지 사용한 암호는 무용지물
이미 시작된 변화

양자컴퓨터가 완성되면 지금 우리가 쓰는 모든 암호는 소용없게 됩니다. 이메일, 인터넷 뱅킹에 사용하는 암호가 무력화되어 모든 개인정보가 다 노출될 수 있다는 거예요.

간단한 수학 문제로 설명해볼게요. 39,727 곱하기 54,151은 스마트폰으로 1초 만에 계산할 수 있어요. 답은 2,147,395,277입니다. 하지만 반대로 2,147,395,277을 보고 이게 39,727과 54,151을 곱한 결과라는 걸 알아내는 건 정말 어렵습니다.

현재 인터넷 보안은 바로 이 원리를 이용합니다. 두 수를 곱하는 건 쉽지만, 곱한 결과를 다시 나누는 건 어렵다는 특성을 활용하는 것이죠. 그런데 자릿수가 100이 넘는 숫자로 이런 문제를 만들면 얼마나 어려울까요? 지구 표면을 모두 덮을 만큼 많은 컴퓨터를 동원한다고 해도 430억 년 동안이나 계산해야 합니다. 우주의 나이가 150억 년인데, 그것보다 훨씬 오래 걸리는 거죠. 말 그대로 불가능한 일입니다.

하지만 양자컴퓨터는 이를 1~2초 만에 풀 수 있어요. 그래서 미국과 중국이 양자컴퓨터 개발에 그렇게 많은 돈을 투자하는 거예요. 먼저 만드는 나라가 엄청난 우위를 선점하게 되거든요.

놀라운 사실은 양자컴퓨터가 이미 우리 곁에 존재한다는 것입니다. 2018년부터 구글, 마이크로소프트, 아마존, IBM 같은 회사들이 양자컴퓨터 서비스를 시작했습니다. 물론 아직은 모든 암호를 뚫을 수준은 아니지만, 교육용이나 연구

(위) 2024년 12월 세종 〈토크 콘서트〉에서 강연을 하는 아들.
(아래) 〈토크 콘서트〉에 참여한 학생들과 함께 사진을 찍은 아들.

용으로는 충분히 쓸 수 있습니다. 심지어 일부는 무료로 사용이 가능합니다.

골드만삭스 같은 금융회사에서는 벌써 양자컴퓨터 팀을 만들어서 주식 시장 예측에 활용하려고 연구하고 있습니다. 미래를 대비하는 거죠.

그럼 우리가 지금 스마트폰을 쓰듯이 양자컴퓨터를 쓸 수 있는 날은 언제 올까요? 예전에는 30~50년 걸릴 거라고 했는데, 요즘 기술 발전 속도를 보면 그보다 훨씬 빨라질 수 있답니다.

양자 기술의 가장 흥미로운 점은 그 미래를 아무도 예측할 수 없다는 것입니다. 100여 년 전 최초의 컴퓨터가 만들어졌을 때를 생각해보세요. 그때 누군가 "이 컴퓨터로 뭘 할 건가요?"라고 물었다면 인터넷이나 유튜브, 카카오톡을 상상할 수 있었을까요? 전혀 불가능했겠죠.

양자 기술도 마찬가지입니다. 무한한 가능성이 있지만, 그게 정확히 어떤 모습으로 우리 삶을 바꿀지는 아무도 몰라요. 그래서 더 흥미진진하면서도 한편으로는 약간 무섭기도 합니다. 하지만 역사를 보면 인류는 항상 새로운 기술을 현명하게 활용해왔습니다. 양자 기술도 분명 우리 삶을 더 풍요롭게 만들어줄 겁니다.

새로운 세상의 주인공은
바로 여러분

지금 전 세계 과학자들이 양자 기술 연구에 매달리고 있습니다. 원자 하나, 전자 하나를 조종하는 기초 연구부터 실제 응용 기술까지 다양한 분야에서 연구가 진행됩니다. 하지만 양자혁명이 성공하려면 물리학자나 공학자만으로는 안 됩니다. 소프트웨어 개발자, 응용 분야 전문가, 심지어 정책을 만드는 사람

세종 〈토크 콘서트〉에서
아들과 함께.

들까지 다양한 분야의 전문가가 함께해야 합니다.

여러분도 이 혁명의 주인공이 될 수 있습니다. 그렇다고 지금 당장 물리학자가 되겠다고 결심할 필요는 없어요. 이런 새로운 기술에 관심을 갖고, 어떻게 활용할 수 있을지 상상해보는 것만으로도 충분합니다.

100여 년 전 양자역학의 발견이 오늘날의 스마트폰과 인터넷을 만들어낸 것처럼, 지금의 양자 기술은 완전히 새로운 세상을 만들어낼 것입니다. 새로운 세상의 주인공은 바로 여러분입니다. 과학에 관심을 갖고, 새로운 것을 두려워하지 말고 배워보세요. 여러분의 상상력과 호기심이 다음 혁명을 이끌어갈 원동력이 될 테니까요.

에필로그

   어렸을 때부터 저는 참 특이하게도 비바람이 심하게 몰아치는 날을 좋아했습니다. 그런 날에는 따뜻한 방 안에서 이불을 둘러쓰고는 모진 비바람에 나뭇가지가 마구 흔들리며 창문에 빗방울이 부딪히는 것을 한참씩 내다보곤 했습니다.

   따뜻한 방 안의 이불이 내 어머니의 품으로 느껴져서 그렇게 편안했던 것이라 생각합니다. 그러던 제가, 사랑스러운 나의 두 아이가 태어난 후부터 단 하루라도 좋으니 햇빛이 잘 드는 창가에 앉아 조용한 음악을 틀어 놓고 한가로이 차 한 잔하는 것이 소원이 되기도 했습니다.

   학교에서 아이들을 가르치는 교사로서 일하던 저는 집과 직장 모두에서 아이들과 생활해야 했습니다. 물론 보람과 기쁨의 시간이었으나 그만큼 지치고 개인적 시간이 없는 바쁜 삶이기도 했기 때문입니다.

   요즘은 매일 아침 햇빛 드는 창가에 앉아 차 한 잔을 즐길 수 있지만 그때의 그 소란스러움이 오히려 그립습니다. 당시에는 그 소란스러운 일상이 얼마나 귀한 것인지 미처 몰랐던 거죠.

   지친 몸을 이끌고 잠에 떨어져도 새벽에 눈이 떠져 가족을 위해 부엌에서 음식을 하던 그 시간이 지금 많이 생각납니다.

   그렇게 아이들과 함께한 귀한 시간을 돌아보면서 조용히 미소를 지어 봅니다.

사랑스런 아이들과
자랑스런 남편.

이제는 잘 자라 세상에서 자신의 몫을 해내는 자식들을 보면서, '그래, 이만하면 됐다' 하고 생각합니다.

우리 가족이 건강하고 나와 아이들이 행복하게 자기 자리에서 최선을 다해 살아가니 충분하다는 생각이 듭니다.

아이들은 저마다 자기들의 세상을 살아가야 한다는 생각으로 아이들의 입장에서 저의 최선을 다하고자 했습니다. 이런 엄마로서의 삶이 우리 아이들의 성장에 도움이 되었다면 저는 충분히 만족합니다.

연애 시절 남편이 언 손을 녹여준다며 내 손을 잡아 자신의 외투 주머니 속에 넣고 다정하게 이야기하던 때가 떠오릅니다. 그때 추운 줄도 모르고 몇 시간이고 눈길을 돌아다녔습니다. 이문동에서 종로까지 밤늦도록 걸어 다녀도 즐겁기만 하던 내 첫사랑과의 삶을 지금껏 이어오면서 두 아이까지 키워낸 나는 행복한 엄마입니다.

퇴직하고 나만의 시간이 생겨
서예를 시작했습니다.
상장과 입상한 작품 앞에서.

05

부록 _ 우리 가족의 목소리

아버지라는 이름의 거울

아버지 세대의 엄부자친과
현대적 교육관

우리 나이대의 사람들은 엄부자친(嚴父慈親)이 예부터 내려오는 가정교육의 기본이었다. 가정에서 아버지는 엄해야 하고 어머니는 자애로워야 한다는 뜻이다. 엄한 아버지의 가르침 없이, 근본 없이 막 자란 아이를 '호로자식(오랑캐 자식)'이라 하였는데 아이들에게는 누군가 무서운 사람이 있어야 한다는 가르침이었고, 엄한 아버지 교육이 그만큼 중요하다는 뜻이었다.

현대의 교육학에서는 엄함 대신 사랑으로 키워야 한다고 가르친다. 사랑을 받은 자가 사랑을 알고 베풀 줄 안다는 가르침일 것이다. 나는 동양의 유교와 서양의 기독교 가르침의 갈림길이 이 지점이 아닐까 생각하는데, 사실 아이를 키울 때 어떤 가르침이 옳을까는 지금도 헷갈리고 모르겠는 영역이 많다.

어머니는 사랑이 맞다. 그러나 아버지는? 아버지도 사랑일까?

예전에 한 일본인 선생과 나눈 대화가 뇌리에서 떠나지 않는다.

"세상의 어머니는 누구라도 똑같은 것 같아요. 아이 걱정이 머리에서 떠나질 않죠. 아침에 일어나서 잘 때까지 늘 아이들의 일거수일투

족에 신경을 쓰죠. 엄마들은 다 똑같아요. 그런데 아버지는 천차만별이에요. 엄마보다 더 자상한 아버지가 있는가 하면, 차라리 없는 게 나은 아버지도 많죠. 어쩌면 그렇게 다를 수 있나 모르겠어요. 수학으로 말하면 아이에게 엄마는 상수고, 아버지는 변수지요. 답은 변수에 의해 좌우되는 것 아닐까요? 아이 교육은 아버지에 의해 좌우된다고 보는데, 아버지들은 교육은 어머니의 몫이라고 생각하는 것 같아요."

한때 쇼펜하우어에 매료되었을 때, 나는 "자녀의 지능은 어머니에게서 나오고, 의지력이나 용기 등의 품성은 아버지로부터 받는다"는 말이 매우 인상 깊었다. 선천적 지능은 어쩔 수 없는 것이라면, 아이 인생의 진로는 아버지의 품성과 관심도에 따라 상당한 영향을 받는 것이 당연한 것인지도 모르겠다고 생각했다. '아버지는 아들의 첫 번째 영웅'이라는 말도 있는 것처럼 말이다. 그래서 아이의 양육에 있어 어머니와 아버지의 역할 분담은 중요하다고 생각하였다.

어머니가 아이의 건강과 생육에 영향력을 미친다면 아버지는 아들의 가치체계와 인생관에 영향력을 미친다. 현학적으로 말한다면 형이하학적 아이의 모습은 어머니가, 형이상학적 가치관은 아버지에 의해서라는 말이 된다. 아이들이 아직 말귀를 알아듣지 못할 때, 나는 아버지로서 아이들에게 무엇을 해주어야 할지 늘 서툴렀다. 기저귀를 갈아주고 달래주고 재워주고 하는 것은 아내의 흉내조차 낼 수 없었다. 아이들의 세계에서는 엄마가 전부였다. 나는 쓸모없는 아빠로 늘 미안하고 뒷전이었다.

대화와 소통의 시간이
가족애를 키운다

　아이들이 말을 배우고 알아듣는 예닐곱 살이나 되어서야 나는 아이들을 돌볼 수 있었다. 나는 아이들에게 존댓말을 썼다. 정중한 경어가 아닌 "그래요? 했어요? 안 되지요…" 하는 식이었다. 당연히 아이들도 아버지에게 존댓말을 했다.
　어렸을 적부터 아이들은 나에게 반말이나 버릇없는 말을 한 적이 없다. 나는 내가 아이들에게 무서운 위엄이 아닌 따스한 권위를 가진 존재로 비치기를 바랐다.
　어느 날 친구 가족들과 모였을 때 아빠에게 반말로 친구 대하듯 말하는 또래 아이를 우리 아이들은 눈을 둥그렇게 뜨고 놀라는 표정으로 바라보았다. 반말을 한다고 꼭 존중이 없으리라는 법은 없으나 나는 소쉬르의 말처럼 기표(형식)와 기의(개념)가 일치할 때 더 큰 시너지 효과가 생긴다고 여긴다. 가정에서 존대말을 쓴다면 부모는 더 부모의 역할에 충실해지고 아이들은 더 부모를 존중할 수 있다. 자연스럽게 부모로서의 권위가 생기는 것이다.
　아이들이 사춘기를 지날 때에는 가족 모두가 정신없이 바빴다. 나는 사회적으로 중견의 위치에서 열심히 일해야 했기에 때로 집은 그저 하숙집으로 여겨질 정도로 바쁜 시기였다. 가족 모두의 얼굴을 제대로 한 번 바라보기도 어려웠다. 당연히 혼자서 육아 부담을 온전히 지고 있는 아내에게서 불평과 불만이 터져나왔고, 가장으로서 사회적 성공과 가정의 화평 중 어느 것이 더 중요하냐는 선택의 기로에 섰던 때였다. 나는 평일은 직장에, 휴일은 가정에 바치자고 스스로와 타협하고 결심했다. '일요일만은 가족과 함께'라는 목표를 세우고 적어도 일요일은 아이들과 브런치를 천천히 그리고 길게 즐겼다. 그 유행하던 골프도 일요일만은 포기했다. 아무리 멤버가 좋아도 그 시간만큼은 가정에 희사했다. 아이들도 그 시간을 받아들였다.

그때 아이들과 많은 이야기를 나누었다. 교과서에 나오지 않고 친구들과는 잘 하지 않는 숱한 세상 이야기를 들려주었고 아이들의 의견을 들었다. 예컨대 당시 베스트셀러 이야기나 영화, 또는 뉴스 해설 같은 것이었다. 매번 아이들에게 흥미있는 이야기를 해주는 것이 쉬운 일은 아니었다. 아이들은 그렇고 그런 이야기에는 쉬 싫증을 내고, 훈계조의 이야기에는 귀를 기울이지 않았다. 적절한 화제를 선택하는 것이 숙제였고, 나름대로 연구가 필요한 대목이기도 했다.

아이들 견해를 듣다 보면 아이들이 이미 아이가 아니라는 사실에 놀라곤 했다. 부모 머리 꼭대기에 올라서 있었다. 나이보다 훨씬 어른이 되어 있었다. 아이들은 키우는 것이 아니고 스스로 자라는 것임을 깨달았다.

나는 일요일 브런치 대화를 하면서 아이들의 관심사를 유심히 살폈고, 그런 중에 아이들의 적성과 애로도 짐작하곤 했다. 같이 보내는 시간과 대화 없이 자녀들에 대해 무엇을 알 수 있겠는가. 함께 운동하고 함께 음악 연습을 하며 대등한 눈높이와 키높이에서 아이들도 부모를 알아갔다. 일요일 브런치 시간은 우리 가족사에서 가장 행복한 시절이기도 했다.

그런 중에 새해가 오면, 세뱃글을 써서 세뱃돈과 함께 넣어주었다. 세뱃글은 새해 덕담을 써준 것인데, 작년 한 해 얼마나 장하고 기특했는가의 칭찬과 새해의 기대를 써주었다. 아이들은 세배하면서 세뱃글 읽기를 좋아했고 나중에 알고 보니 그 글들을 차곡차곡 모아두었다고 했다. 아이들이 결혼하여 손주를 볼 때까지 거의 20여 년간 한 해도 빼먹은 해가 없었다. 아이들은 지금도 세뱃글을 기다린다고 한다. 칭찬 듣는 걸 싫어할 사람이 누가 있겠는가.

아이는 부모의 뒷모습을 보고 자란다

"너희들 운명에 나는 관여할 생각이 없다."

나는 부모로서 원하는 삶이 아닌, 자신들이 원하는 삶을 살라고 아이들에게 강조했다. 그들의 운명은 그들 스스로 책임지고 개척해 나가라는 뜻이다. 대학에 진학할 때 학교와 학과를 순전히 자신들이 선택하게 한 것도 그 때문이고, 철이 든 이후에 자신과 관련된 일이라면 최종 결정을 늘 스스로 하도록 했다.

다만 아이들의 인성과 도덕관, 삶의 태도에 관하여는 부모로서 역할

아들은 아버지의 뒷모습을 보면서
자란다고 합니다.

부록 _ 우리 가족의 목소리

이 크다고 믿었다. 그리고 그 가장 큰 교본은 부모의 모습일 것이라고 생각했다. 매우 가슴이 찔리지만, "아들은 아버지의 뒷모습을 보고 자란다"는 말이야말로 아들뿐 아니라 딸에게도 가장 진정성 있고 유효한 가정교육의 철칙이라고 생각했다.

이제 부모와는 전혀 다른 모습으로 장성한 아이들을 보면서 문득 그 아이들 속에 존재하는 나를 발견하곤 깜짝 놀라곤 한다. 무섭게도, 자녀의 모습은 결국 부모의 뒷모습이었다. 먼 훗날 아들 또한 거울에 자신을 비쳐보며 문득 예전 아버지의 모습을 발견할 것이다. 두렵게도 아들은 아버지, 자녀는 부모가 걸어온 인생의 거울 아니겠는가.

아들은 아버지의 거울이다.

P.S.

정직히 말해, 부모 뜻대로 자식이 되어만 준다면 세상 더 바랄 것이 무엇 있을까. 자식 잘되게 하는 비결이 있다면 천금을 주고라도 사고 싶지 않은 부모가 있을까. 생각해보면 자식은 신의 영역에 가깝다는 생각이다. 자식이 생기는 것부터, 아들인지 딸인지, 어떤 품성을 갖고 자라날지 알 수가 없다. 자식은 그저 감사하거나 감내해야 할 운명 같기만 하다.

그래서 최선을 다해 하늘이 주신 자녀를 키우는 것이 곧 축복이자, 우리가 우리 부모에게 지어온 업(業: 카르마)에 대한 응보인 것만 같다. 자식 참 마음대로 안 된다.

나이 마흔이 되어 돌이켜보니

 어린 시절 내 인생에서 전환점이 되었던 경험들이 몇 개 떠오른다.
 첫 번째는 엄마의 부재에 대한 기억이다. 1990년대, 내가 초등학생이었을 때는 맞벌이를 하는 집이 많지 않았다. 그래서 하굣길에 비가 내리면 엄마들이 정문 앞에서 우산을 들고 아이들을 기다리곤 했다. 준비물을 가져오지 않은 경우에도 공중전화로 집에 전화만 하면, 엄마들이 즉시 두고 간 준비물들을 가져다주곤 했다.
 하지만 나는 비가 온다고 해서 엄마가 나를 학교 정문에서 기다리고 있었던 적도, 내가 두고 간 준비물을 가져다준 적도 없다. 그 시간에 엄마는 학교에서 다른 언니, 오빠들을 가르치고 있었기 때문이다. 우산을 가져다주는 엄마를 둔 친구들이 부러웠고, 가끔은 준비물을 가져다주지 못하는 엄마에게 서운함을 느끼기도 했다.
 그럼 나는 왜 이 기억을 인생의 전환점이라고 할까?
 나는 우산을 가져다주는 엄마가 없었기 때문에 친구와 우산을 함께 쓰는 법을 배웠고, 학교에 가기 전에 준비물을 다시 한번 챙기는 습관을 들였기 때문이다. 내가 해야 할 일을 스스로 책임지는 방법과 부족한 환경에서 적응하는 방법을 알아서 터득할 수 있었기 때문이다.
 또 하나의 기억은 내가 초등학교 6학년 때 다녀왔던 '국토종단'이다.

부록 _ 우리 가족의 목소리

약 2주에 걸쳐 해남 땅끝마을에서부터 임진각까지 걸어서 국토를 종단하는 프로그램에 참여하였다. 기억이 정확하다면 당시 참여했던 인원 중에서 나는 나이가 어린 축에 들었다. 아주 추운 겨울이었고, 눈도 많이 와서 잘 포장된 도로였음에도 (초등학생이었던 나의) 가슴까지 쌓인 눈 때문에 걷는 것조차 쉽지 않았다. 양 볼과 손은 동상에 걸렸고, 2주 동안 걸으니 입었던 옷이 모두 헐렁해질 정도로 살도 빠졌다. 많이 힘들었고, 많이 울었다. 왜 엄마는 이런 곳에 나를 보냈을까 원망도 많이 했다.

그렇게 약 2주간의 종단 프로그램을 마치고 임진각에서 다시 부모님을 마주쳤을 때, 나를 바라보던 엄마의 표정이 눈에 들어오자 그때까지 원망하던 감정이 사르르 사라졌던 것도 기억이 난다. 제대로 씻지도 못해 더러워진 딸을 보는 엄마의 얼굴에 안쓰러움과 미안함, 후회와 정의하기 어려운 수많은 감정들이 눈물과 함께 드러났기 때문이다.

이런 국토종단의 경험을 왜 나는 인생의 전환점으로 기억하는가? 이 경험으로 인해 나의 '도전'에 대한 허들이 극도로 낮아졌기 때문이다. '나는 국토종단도 했는데 앞으로 무서울 것이 없다', '아무리 힘들어도 국토종단 경험보다 더 힘들 리는 없다'며 나 스스로에 대한 자신감이 생긴 것이다.

**엄마의 크고 작은 선택이 모여
아이의 인생이 된다**

내 기억 속의 엄마는 아침저녁으로 나를 안아주고, 자주 사랑을 표현해주던 사람이었지만, 내가 엄마를 필요로 하는 모든 상황에 항상 있어주지는 않았다. 하지만 아이가 맞설 수 있고 극복할 수 있는 정도의 고난과 도전 과제들을 주는 데 주저하지 않는 엄마였고, 아이의 힘듦을 공감해주고 아이가 이겨냈을 때 함께 기뻐하며 아이가 스스로 뿌듯해할 수 있도록 해주는 엄마였다.

지금, 내 나이 마흔이 넘고 두 아이의 엄마가 되고 보니, 그때 엄마의 삶도 쉽지 않았겠다는 생각이 든다. 분명 우산을 가져다줄 수 없는 상황에 마음 아팠을 것이고, 준비물을 가져다주지 못하는 스스로로 인해 속상했을지도 모른다. 지금의 내가 그렇기 때문이다.

이제는 맞벌이가 흔해진 사회에서, 나 역시 맞벌이 엄마로 살아가고 있다. 지금 직장의 특성상, 직장 생활을 하면서도 아이에게 우산을 가져다주거나 준비물을 가져다줄 수 있는 경우가 많다. 하지만 나는 그렇게 하지 않는다. 어린 시절 나의 경험이 분명 나에게 도움이 되었다고 믿기 때문이다.

어린 시절 엄마의 크고 작은 선택들이 모여 아이의 인생이 된다. 때로는 과감하게, 또 때로는 아이에 대한 사랑을 절제하는 선택들은 엄마에게도 아이에게도 쉽지 않을 것이다. 하지만 우리 엄마가 나에게 해주었던 것이 나의 육아 생활에 지침이 되는 것처럼, 이 글이 다른 엄마들에게도 작은 조언과 지침이 될 수 있으면 좋겠다.

나는 매일 우주를 창조한다

    나는 매일 우주를 창조한다. 그 우주는 작지만 정교하다. 그 우주 속의 세상은 내가 완전히 이해하고 있는 법칙들을 따라서 움직이고 변화한다. 내가 만든 우주 속에 어떠한 한계나 나조차 알 수 없는 정보가 있다 해도 문제되지 않는다. 그것은 순전히 내가 만들어낸 법칙들이 그러하기 때문이다. 내 우주에 요구되는 단 하나의 제한은 모순이 없어야 한다는 것이다. 나는 이러한 나의 우주를 '창조된 우주'라고 부른다.

    내가 처음으로 창조된 우주를 만들어낸 것은 아마도 초등학교 2학년 때쯤인 것 같다. 서울이라지만 숲속으로 조금만 들어가면 진관사의 계곡이 나오고 여름이면 개구리 소리와 빗소리가 선명하게 들리는 내 어린 시절의 고향, 기자촌이라는 마을에서였다. 마을 여기저기 존재하는 정적과 2킬로미터나 되는 등굣길은 어린 내 마음속에 두 개의 톱니바퀴를 그려 넣었다. 나는 '작은 톱니바퀴가 큰 톱니바퀴를 돌리면, 왜 힘이 덜 들지?'에 대해서 한참을 고민했다. 돌이켜보면 수채화 같았던 나의 어린 시절은 항상 무언가를 혼자서 '생각'하게 할 마음의 여유를 많이 준 것 같다. 그때의 기억은 내 마음의 평정을 위한 앨범이고 또한 시집이다.

나만의 우주를
만들던 시기

　아버지의 유학과 전근으로 유치원은 일본에서 나왔고, 기자촌에서 살다 초등학교를 마칠 무렵에는 대전으로 이사 갔다. 빽빽한 아파트 단지와 여름이면 뜨겁게 달아오르던 아스팔트. 서울의 강남에 비견되는 대전의 둔산 지역은 내게는 인터넷의 영상처럼 떠오른다. 그리고 비로소 처음으로 경시대회나 과학고등학교 입시와 같은 경쟁에 대해서 알게 되었다.

　중학교 3학년 때 뒤늦게 과학경시대회를 준비했다. 그 과정 자체는 크게 어렵지 않았다. 나에게 과학경시대회란 그동안 내가 배운 규칙들로 하나의 '창조된 우주'를 만들어내고, 그 우주에서 일어나는 현상들을 적어 내려가는 것이었다. 학교 예선은 꼴찌로 통과했으나 두 달 후 시도 경시대회에서는 대전시 1등을 차지했고 그다음 달 열린 전국대회에서는 금상을 수상했다. 그러고 대전과학고등학교에 입학할 수 있었다.

　고등학교에서는 물리올림피아드를 준비했다. 배운 물리학 법칙들을 놓고 친구들과 토론하며 내 '창조된 우주'를 갈수록 섬세하게 다듬었다. 때로는 이 세상의 사물과 현상을 내 머리와 펜 끝으로 지배하는 것 같다는 착각이 들어 스스로 놀라기도 했다. 새로운 것을 배우고 이해하는 일은 무척 즐거웠다. 진리를 탐구하는 것－나에게는 '창조된 우주'를 더욱 정교하게 가꾸고 이해하는 것－으로 인생의 진로를 결정한 것은 바로 이 시기였다. 분명 공부가 쉽지는 않았지만, 고생스럽지도 않았다. 운도 따랐을 것이다. 나는 한국물리올림피아드에서 은상을 받았고 국제대회에서는 한국 1위의 성적으로 전 세계 8위, 금메달을 수상했다.

나의 이러한 발걸음은 이듬해 3월까지 계속되었다. 어쩌면 모교의 후배들에게 내가 '영웅'과 같아 보였을지도 모른다. 같은 해 삼성 이건희 장학재단 3기 장학생으로 선발되었고, 프랑스 파리에서 유네스코가 주최한 물리 콘퍼런스 '내일의 물리학(Physics for Tomorrow)'에 한국 학생 대표로 참여했다. 수많은 노벨상 수상자들과 함께한 만찬에서 나는 내가 국제무대에서 두각을 나타냈다고 생각했다. 하지만 아직 가야 할 길이 많이 남은 사람이라는 것을 이내 깨닫게 되었다. 이듬해 3월, 나는 지원했던 모든 미국 대학에서 불합격 통지를 받았다.

'참담한 실패'였다. 패인은 SAT 영어 점수 부족이었다는 주위 사람들의 분석에서 나는 무릎이 꺾이는 느낌을 받았다. 충격파는 나뿐만 아니라 주위 분들, 그리고 모교에까지 이어졌다. 실패 후 나는 맨 먼저 모교 후배들을 찾아갔다. 나의 실패는 대전과학고등학교 전체의 경악이었기 때문이다. 나는 새로 입학한 새내기를 비롯한 모든 후배를 시청각실로 불러모았다.

"꼭 하고 싶은 말이 있어 여러분을 불렀습니다. 저는 방금 제가 지원한 모든 대학에서 불합격 통지를 받았습니다."

그러면서 지금까지 겪은 모든 일을 사실대로 말했다. 내가 진정으로 매사에 최선을 다했는지, 얕은 재주에 의존하지는 않았는지 고백성

사에 가까운 반성을 하였다. 그리고 '영웅'이 아니라 '가장 불운하고 비참한 선배'로서 처음부터 다시 시작하겠다는 계획을 밝히고, 후배들에게도 결코 용기를 잃거나 좌절하지 말 것을 당부하며 강연을 마쳤다.

무엇이 되는 것과
무엇을 하는 것

분명 그 2005년은 내게 많은 것을 가르쳐준 한 해였다. 강연장을 나올 때는 막막한 내일에 대한 두려움으로 다리가 떨리는 것이 느껴졌다. 고백하건대 후배들의 시선이 부담으로 다가오기도 했다. 그동안 좌절하고 있는 후배들에게 해준 수많은 위로와 조언을 스스로에게 적용하는 것은 매우 힘든 일이었다. 하지만 어려서부터 아버지께 들은 말이 많은 힘을 주었다.

"무엇이 되려 하지 마라. 무엇을 하려고 해라."

나는 '미국 대학 합격자'가 되고 싶은 것만이 아니었다. 장애물이 있어도 소걸음처럼 천천히 그러나 당당히 나만의 목표를 향해 나아가는 모습을 보여주고 싶었다. 바로 '학문적 성취뿐만 아니라 인간적으로도 존경을 받는 과학자가 되어, 국가와 인류의 삶에 보탬이 되고 많은 사람의 희망이 되겠다'라는 목표였다.

조급함이 이내 사라졌다. 그러자 성취의 여부와 관계없이 내가 이루고 싶은 것을 위해 정진할 때의 기쁨을 배울 수 있었다. 주어진 모든 것들을 감사하게 받아들이려 노력했다. 내가 밟는 하나하나의 발걸음

아들이 연구하는 모습과 양자 과학기술의 핵심인
'시간결정' 측정 연구논문이 실린 〈네이처〉지.

이 스스로와—대전과학고 후배들을 포함한—모든 사람 앞에서 떳떳할 수 있도록 노력했다.

이후, 나는 삼성재단 4기 장학생으로 선발되었고 캘리포니아 공과대학에 입학할 수 있었다. 대학교에 다니면서 교양과목을 포함한 학업 성취도에서 전체 수석, 그리고 물리학 전공 수석을 차지했다. 뿐만 아니라 매년 캘리포니아 공과대학 물리학과 교수들이 선정하는 '미래 물리학 기여에 있어 가장 촉망받는 한 명의 학생'에게 수여되는 하렌 리 피셔 기념상(Haren Lee Fisher Memorial Award)을 수상했다.

이후 나의 주요 관심사는 광자를 이용한 양자정보과학(Quantum Information Theory)에 집중되었다. 최근의 내 머릿속 우주에는 광자들이 가득하다. 이 우주는 이제 '두 개의 톱니바퀴'보다 더 복잡하지만, 훨씬 밝고 명료하다. 순수하지 못한 상태의 광자들은 일련의 광학 도구들을 통과하며 점차 순수하게 정제된다. 군으로 인해 휴학하고 돌아온 이후 한 학기 만에 시작된 존 프레스킬(John Preskill) 교수님 그룹에서의 연구주제(Purification of Photon States Using Linear Optics)에 매진했다. 나는 어떤 과정을 통해야만 최적으로 정제된 광자를 얻을 수 있는지 생각했고 그 해답을 이미 시뮬레이션을 통해서 찾은 상태다. 이 연구는 양자역학을 이용한 정보처리(Quantum Information Processing)를 하는 데 응용 가능성이 매우 높다. 나는 앞으로도 양자정보가 저장/전달/처리되는 데 적용되는 물리 법칙을 이론적으로 연구할 것이다.

2009년, 5년 만에 처음으로 캘리포니아 공과대학에 대전과학고등학교 후배가 입학하게 되었다. 그 후배가 친구들 앞에서 나에게 존경한다고 몇 번이고 말하는 바람에 무척이나 쑥스러웠다. 아마도 5년 전 내 에피소드를 전해 들은 모양이다. 지금 내가 이 자리에 있게 된 데에는 분명 2004년 후배들 앞에서의 다짐이 많은 영향을 미쳤다. 그런데 내가 때로는 부푼 기대를 또 때로는 안타까운 실망을 안겨드려야만 했던 사람들은 사실 더 많다. 그중에는 부모님과 친구들, 한국 물리학계 교수님들, 삼성재단, 넓게는 그동안 한국에서의 공부를 지원해준 국가와 국민이 포함된다. 나는 이 모든 사람 앞에서 부끄럽지 않게 꾸준히 내 목표를 향해 정진해 나간다는 다짐을 소리 없이 몇 번이고 되뇌며 공부하고 있다.

부록_ 우리 가족의 목소리

위대한 엄마들에 대한 이야기

초판 1쇄 인쇄 2025년 12월 5일
초판 1쇄 발행 2025년 12월 10일

지은이 전광희
펴낸이 김홍중
펴낸곳 생각을말하다
출판등록 2017년 7월 3일 (제563-2017-000049호)
주소 13599, 경기도 성남시 분당구 수내동 돌마로 361 동신코아 2층
전화 031-713-7898
팩스 070-4325-1117
이메일 skrgogo@naver.com

ISBN 979-11-962608-6-6 03810
정가 16,000원

- 잘못된 책은 구입하신 곳에서 바꿔드립니다.
- 이 책의 내용 전부 또는 일부를 재사용하려면 반드시 사전에 저작권자와 출판권자에게 서면 동의를 받아야 합니다.